David T. Smith

Das Gin-Buch

Alles Wissenswerte von Gin & Tonic bis Wacholder

Mit Illustrationen von Stuart Patience
Aus dem Englischen von Susanne Hornfeck

Insel Verlag

Insel-Bücherei Nr. 2042

Das Gin-Buch

Einleitung

Gin ist ein höchst spannendes Thema, weil es eine Brücke von der Vergangenheit in die Zukunft schlägt. Gin hat sich in schwindelnde Höhen erhoben und ist in die Tiefen der Gosse gesunken, doch seinen Tiefpunkt erreichte er zweifellos gegen Ende des 20. Jahrhunderts, als er schlichtweg ignoriert wurde.

Heutzutage lässt sich vom Gin genau das Gegenteil sagen. Weltweit erlebt das Getränk eine beispiellose Renaissance und steigt immer weiter auf der Beliebtheitsskala. Möge dieser Trend noch lange anhalten.

Angesichts der illustren Geschichte, ganz zu schweigen von exotischen Zutaten und ungewöhnlichen Herstellungsmethoden, gerät, wer etwas mehr über seinen Lieblingsdrink erfahren will, in ein Labyrinth obskurer Begriffe und Definitionen.

Dieses Buch soll Klarheit schaffen und wendet sich an den gelegentlichen Gin-Trinker ebenso wie an Barkeeper, Destillateure und echte Gin-Nerds. Komplexe Zusammenhänge werden hier verständlich und amüsant dargestellt, sodass der Leser tief in die Welt des Gin eintauchen kann und mit einem besseren Verständnis für dieses faszinierende Getränk aus der Lektüre hervorgeht.

Meine eigene Begeisterung für Gin begann wie bei vielen anderen auch: Ich mochte ihn einfach. Zum Glück fiel diese persönliche Entdeckung in die Phase des neuerlichen Aufstiegs der Spirituose. Im Jahr 2005 begann ich mich eingehender für die vielen Erscheinungsformen des Getränks zu interessieren. Bereits ein Jahr später verkostete ich meinen hundertsten Gin, eine Marke, die zu knacken ich nie für möglich gehalten hätte.

Inzwischen kann ich die Zahl der neuen Gins, die ich probiert habe, längst nicht mehr genau beziffern – es dürften rund fünfzehnhundert aus nahezu fünfzig Ländern sein. Heute verbringe ich meine Zeit hauptsächlich damit, meine Leidenschaft mit anderen zu teilen, neue und historische

Brennverfahren und Rezepturen zu erforschen und Destillateuren zu perfekten Gin-Kreationen zu verhelfen, sei es in kleinen Start-ups oder in multinationalen Konzernen.
Ein Buch über Gin zu schreiben, war mir schon deshalb ein Vergnügen, weil es über diesen vordergründig so schlichten Drink so viel Interessantes zu berichten gibt: seine illustre Geschichte, die unterschiedlichen Sorten, Herstellungsmethoden, Craft-Brennereien und vieles mehr. Man kann sich in dem Thema buchstäblich verlieren und auf jeder Seite neue, unbekannte Fakten entdecken. Einige Details in diesem Buch – und das war das Spannende daran – waren für mich genauso neu, wie sie es für die Leser sein dürften.
Ich hoffe, dass dieses Lexikon eine nützliche Ergänzung zu einem tieferen Blick ins Gin-Glas sein kann, ganz gleich ob Sie gerade erst die Bekanntschaft Ihres Lieblingsgetränks machen oder bereits ein kenntnisreicher Gin-Trinker sind. Lassen Sie sich erklären, was es mit dieser wunderbaren Spirituose auf sich hat.

A

Aged Gin | SORTE

SIEHE AUCH: Negroni | Roter Wermut | Sipping Gin | Yellow Gin

Ein in oder mit Holz gereifter Gin, wobei Holzfässer, Holzspäne oder einzelne Fassdauben benutzt werden. Es gibt zwei Arten von gealtertem Gin: Yellow Gin, der nur einen geringen Einfluss von Holz erkennen lässt, und Sipping Gin, eine moderne und populäre Variante. Traditionellerweise erfolgt der Reifeprozess durch Lagerung in Fässern aus frischem Eichenholz oder solchen, die zuvor bereits in Gebrauch waren (zum Beispiel Bourbon-Fässer, die eine würzige Süße abgeben). Diese Gins bekommen eine zusätzliche geschmackliche Abrundung, zum Beispiel durch Weinaromen von Sherry, Port oder Wermut, die eine komplexe Fruchtigkeit beisteuern. Im Vergleich zu anderen Reifungsmethoden hat der Einsatz von Fässern den Vorteil, dass sie bereits vorhanden sind und Atmung und leichte Oxidation zulassen, für manche Experten ein entscheidender Faktor bei der Reifung.
Fassdauben oder Holzspäne bieten hingegen eine größere Vielfalt, zum Beispiel Kiefer, Mahagoni oder Pekan – Holzsorten, die sich nicht unbedingt zur Herstellung von Fässern eignen, weil sie entweder zu teuer, nicht verfügbar oder zu porös sind. Die meisten Gin-Trinker haben zur Reifung ein entspanntes Verhältnis und schätzen die verschiedenen Methoden wegen ihrer jeweils spezifischen Vorzüge.

8350
8666
8566
8595
664
8571

Alkoholgehalt | HERSTELLUNG

SIEHE AUCH: Navy Strength Gin

Er gibt den Anteil des reinen Alkohols in der Gesamtmenge des Gemischs an, wird in Vol.-% (Volumenprozent) gemessen und entspricht der Volumenkonzentration reinen Alkohols bei 20 Grad Celsius. Wasser hat einen Alkoholgehalt von 0 Vol.-%, reiner Alkohol hat 100 Vol.-%. Der Mindestalkoholgehalt von Gin innerhalb der Europäischen Union (EU) beträgt 37,5 Vol.-%, in den USA sind es 40,0 Vol.-%. Wird Alkohol in einem Destillationsapparat hergestellt, so verfügt er zunächst über etwa 86 Vol.-% und muss deshalb auf Trinkstärke reduziert werden, bevor er in die Flasche kommt. Diesen Vorgang nennt man Proofing. Sobald dem Alkohol Wasser zugefügt wird, kommt es zu einer exothermen Reaktion, wobei Hitze freigesetzt wird. In den USA ist die Maßeinheit Proof eine weithin verbreitete Angabe des Alkoholgehalts von Spirituosen, allerdings ist sie freiwillig und muss in jedem Fall durch eine Angabe in Volumenprozent ergänzt werden. Das amerikanische Proof entspricht dem Doppelten des Alkoholgehalts in Volumenprozent, demnach sind 40 Vol.-% 80° amerikanische Proof. In Großbritannien gelten eigene Regeln; die Einheit Proof war vor der allgemeinen Einführung von Volumenprozent in Gebrauch. So entsprechen zum Beispiel 100° Proof (hundert Grad Proof) dort einem Alkoholgehalt von 57,15 Vol.-% (siehe auch Navy Strength Gin). Das britische Proof erhält man, indem man die Volumenprozente mit dem Faktor 1,75 multipliziert; 40 Vol.-% entsprechen also 70° britischen Proof.

Alpen-Gin | SORTE

SIEHE AUCH: Campari | Hernö | Kräuternote | Negroni | Roter Wermut

Eine Gin-Sorte, die in Alpenländern wie Deutschland, Österreich und der Schweiz hergestellt wird. Typisch sind präsente Zirben-, Kiefer- und Wacholderaromen, eine holzig-harzige Kräuternote und ein Hauch von Floralität. Im Vergleich zu anderen Gin-Sorten treten die Zitrusnoten hier

in den Hintergrund. Die Idee zur Herstellung von Alpen-Gin entstand wohl in der Tradition der Kräuterschnäpse und -liköre, die dort gebrannt werden. Obwohl diese Sorte meist mit der Alpenregion in Verbindung gebracht wird, sind ähnliche Geschmacksprofile auch bei Herstellern in skandinavischen Ländern wie Norwegen, Schweden, Finnland und Island beliebt. Solche Gins bestechen durch ihren starken Ausdruck und harmonieren auch mit geschmacksintensiven Ingredienzien wie Campari oder rotem Wermut, zum Beispiel in einem herben Negroni-Cocktail.

Anethol | CHEMISCHE VERBINDUNG

SIEHE AUCH: Louche-Effekt | Myrthe | Sternanis | Süßholzwurzel

Eine organische Verbindung, auch bekannt als Anisöl, die zu den Phenylpropanoiden gehört. Ihr starkes Aroma findet sich in vielen Botanicals, die dem Gin seinen typischen Geschmack geben. Außerdem ist ihre Süße zehnmal stärker als die von Zucker. Anethol kommt in der Natur häufig vor, zum Beispiel in Anis und Fenchel, und sorgt dort für das charakteristische Aroma. Man findet es auch in Süßholz, Sternanis, dem Anisbaum (*Syzygium anisatum*), Estragon, Basilikum und der Süßdolde. Die Verbindung lässt sich gut in Alkohol lösen, in Wasser jedoch weniger gut. Das führt zu dem charakteristischen Louche-Effekt, der milchigen Eintrübung, die man von Absinth, Ouzo, Pastis und in seltenen Fällen auch von Gin kennt.

Angosturabitter | COCKTAIL-ZUTAT

Ein aromatischer, nicht trinkbarer Cocktailbitter. »Nicht trinkbar« bezieht sich auf die Tatsache, dass er nicht zum Purgenuss geeignet ist, sondern in kleinen Mengen zum Aromatisieren von Drinks und zum Hervorheben anderer Zutaten verwendet wird. Das Rezept für Angosturabitter wurde zu Beginn des 19. Jahrhunderts von Johann Gottlieb Benjamin Siegert, dem deutschen Stabsarzt der venezolanischen Armee, als hochprozentiges Tonikum entwickelt. Siegert war damals in der Stadt Angostura (heute Ciudad Bolívar) stationiert, daher der Name. Angosturabitter sollte nicht mit Magenbitter verwechselt werden, der mit Angosturarinde, einer in Südamerika beheimateten Arzneipflanze, hergestellt wird, obwohl diese ihren Namen ebenfalls von der Stadt in Venezuela ableitet.

Ausgangsdestillat | HERSTELLUNG

SIEHE AUCH: Alkoholgehalt | Botanical-Rezeptur | Botanicals | Honig

Gin wird hergestellt, indem man neutralen Alkohol zusammen mit geschmacksgebenden Botanicals noch einmal destilliert. Dieser Alkohol wird Ausgangsdestillat oder auch Grundalkohol genannt; er ist das unbeschriebene Blatt, auf dem die botanischen Aromen ihren Duft und ihren Geschmack entfalten können. Viele Gin-Brennereien und praktisch alle großen Hersteller verwenden neutralen Alkohol aus hausfremder Produktion. Dieser Neutralalkohol wird meist aus Getreide gewonnen, auch Destillate aus Trauben, Trester oder Melasse werden benutzt. In Europa muss das Ausgangsdestillat für Gin 96 Vol.-% haben. Der Vorteil bei der Nutzung von Neutralalkohol ist, dass man sich die Anschaffung einer Column Still für das Säulenbrennverfahren spart, mit dem hohe Alkoholgehalte erzielt werden können. Manche Hersteller produzieren trotzdem ihr eigenes Ausgangsdestillat. Diese Praxis ist vor allem in den USA verbreitet. Der Vorteil des Verfahrens liegt darin, dass man größeren Einfluss auf das Produkt hat und auf Destillate zurückgreifen kann, die nicht aus dritter Hand stammen oder aus ungewöhnlichen Rohstoffen wie Honig oder Äpfeln gewonnen werden.

Charakteristika einiger Rohstoffe von Ausgangsdestillaten:
Weizen: sauber und neutral
Mais: sauber mit leichter Süße
Gerste: sauber mit einer leicht cremigen Würze

Gemalzte Gerste: sorgt für eine brotartige Note
Äpfel: frisch und spritzig mit leicht fruchtigem Bouquet
Trauben: floral und fruchtig
Melasse: weich und seidig mit leichter Süße
Honig: mild mit zäher Textur und floraler Süße.

Aviation | COCKTAIL

SIEHE AUCH: Crème de Violette | Eis | Gläser | Shaken / Shaking

Ein Cocktail, der Hugo R. Ensslin, dem Chef-Bartender des Wallick Hotels in New York zugeschrieben wird. Das Originalrezept verwendete El Bart Gin, ein populärer Zeitgenosse von Gordon's und Plymouth zu Beginn der 1920er Jahre. Der Gin wird mit Zitronensaft, Maraschino und Crème de Violette gemixt, der er seine markante blaue Farbe verdankt. Um die Mitte des 20. Jahrhunderts war Crème de Violette nur schwer zu bekommen, daher verzichten manche Rezepte auf diesen Likör. Die Süße kommt stattdessen vom Maraschino, was allerdings nicht nur den Geschmack, sondern auch die Farbe des Cocktails verändert.

Rezepte für Aviation:
50 ml Gin
20 ml frischer Zitronensaft
10 ml Maraschino
10 ml Crème de Violette

Man gebe alle Zutaten in einen mit Eis gefüllten Cocktailshaker, schüttle gut durch und gieße den Drink durch ein Barsieb in ein Cocktailglas.

B

Bathtub Gin | SORTE

SIEHE AUCH: Compound Gin | Prohibition

Der Ausdruck Badewannen-Gin stammt aus den Anfangstagen der amerikanischen Prohibition in den 1920er Jahren. Man bezeichnete damit illegal hergestellten Compound Gin, der in den Flüsterkneipen getrunken wurde. Die genaue Herkunft des Begriffs liegt zwar im Dunkeln, es gibt aber zwei gängige Theorien. Die eine besagt, dass die Gefäße, in denen die Zutaten gemischt wurden, zu groß waren, um in einem Waschbecken befüllt zu werden, sodass man auf die Wasserhähne der Badewanne auswich; die andere meint, die Badewannen selbst seien wegen ihrer Größe dazu benutzt worden, um darin den Alkohol mit den verschiedenen Botanicals anzusetzen, ohne dass anschließend noch einmal destilliert wurde. Zunächst war es ein eher abwertender Begriff, bis 2011 die Firma Atom Supplies ein Produkt lancierte, das sie Bathtub Gin nannte. Grundlage ist ein relativ einfacher London Gin, der durch das Einlegen weiterer Botanicals aromatisiert wird. Diese Kreation erhielt viel Zuspruch in der Szene und hat das Image des Badewannen-Gin deutlich verbessert.

Bergamotte | *CITRUS BERGAMIA* | BOTANICAL

SIEHE AUCH: Bitterorange | Botanical-Rezeptur | Botanicals | Limette (Persische)

Eine Kreuzung aus Süßer Limette (*Citrus limetta*) und Bitterorange (*Citrus aurantium*), die bei der Aromatisierung mancher Gins Verwendung findet. Die Frucht hat etwa die Größe einer Bitterorange, ihre Schale ist aber auch im reifen Zustand grün. Das aus der Schale gewonnene ätherische Öl gibt dem Earl Grey Tee seinen charakteristischen Zitrusgeschmack. In der Gin-Herstellung wird die Bergamotteschale wegen ihrer blumigen Zitrusnote und leichten Bitterkeit geschätzt. Man kann sie entweder getrocknet oder in frischer Form zusetzen. Typische Beispiele für Gins mit Bergamotte als Botanical sind Fifty Eight Gin und Boxer Gin, beide aus London. Beim Fifty Eight Gin kommt Bergamotteschale aus hauseigener Verarbeitung zum Einsatz.

Bitter Lemon | COCKTAIL-ZUTAT

SIEHE AUCH: Chinin | Eis | Garnituren | Sloe Gin | Soda(wasser) | Tonic Water

Dieses Erfrischungsgetränk, auch bekannt als Lemon Tonic, ist eine Variante des Tonic Waters und wird den Bitterlimonaden zugerechnet. Es ist mit Zitrone, Limette, Zitronensäure und Chinin aromatisiert. Die Frühform des Getränks bestand schlicht aus einer Mischung von Schweppes Sodawasser und Limettensaft und wurde 1834 erstmalig schriftlich erwähnt. Schweppes hat Bitter Lemon zusammen mit Bitter Orange am 1. Mai 1957 auf den Markt gebracht. Bitter Lemon wird in der Regel allein als Erfrischungsgetränk konsumiert, obgleich sein im Vergleich zu Tonic Water eher säuerlicher Geschmack es zu einem guten Partner für süßliche Spirituosen und Liköre wie etwa Sloe Gin (Schlehenschnaps) macht. Der Long Pedlar ist eine Mischung aus Sloe Gin, Bitter Lemon und Eis. Sowohl der Name als auch der Drink wurden von der James Hawker and Co Ltd. in Plymouth in Verbindung mit ihrem Hawkers Pedlar Sloe Gin entwickelt. Auf diese Weise kann man Sloe Gin, ein typisches Getränk für die kältere Jahreszeit, auch bei warmem Wetter trinken.

Rezept für The Long Pedlar:
50 ml Sloe Gin
150 ml Bitter Lemon
Garnitur aus Zitrone und Limette

Man füllt ein Glas mit Eis, gießt Sloe Gin und Bitter Lemon darüber und garniert mit Zitrone und Limette im »Evans Style« (siehe Seite 54).

Bittermandel | *PRUNUS DULCIS VAR. AMARA* | BOTANICAL

SIEHE AUCH: Mandel | Bombay Spirits Company | Botanical-Rezeptur | Botanicals

Einige Varietäten des Mandelbaums produzieren Nüsse, die etwas kleiner und bitterer sind als die Süßmandel (*Prunus dulcis* var. *dulcis*). Sie sind in Asien und im Nahen Osten heimisch und als »Bittermandel« bekannt. Der Begriff wird gelegentlich auch zur Bezeichnung für die Steinkerne von Aprikosen (*Prunus armeniaca*), Pfirsichen (*Prunus persica*) oder Pflaumen (*Prunus domestica*) gebraucht. Das ätherische Öl der Bittermandel besteht zu ca. 95 Prozent aus Benzaldehyd. Früher wurde es häufiger als Zusatz in Speisen und Getränken, einschließlich Gin, verwendet, doch Gebrauch und Verfügbarkeit wurden wegen der Anteile an hochgiftigem Cyanwasserstoff (Blausäure) mittlerweile stark eingeschränkt. Die Bittermandeln kommen meist aus den USA oder aus Spanien. Beispiele für Gins mit Bittermandel als Botanical sind Beefeater, Bombay Dry Gin und Oxley.

Bitterorange | *CITRUS X AURANTIUM* | BOTANICAL

SIEHE AUCH: Botanical-Rezeptur | Botanicals | Gordon's | Kardamom | Limonen | Linalool | Orange | Zimtkassie | Zitrusnote

Diese Zitrusfrucht, auch bekannt als Pomeranze oder Sevilla-Orange, ist als Aromastoff in vielen Gins enthalten. Wie ihre Cousine, die Orange, ist sie eine Kreuzung zwischen Pomelo und Mandarine. Sie stammt aus Südostasien und wurde im 10. Jahrhundert nach Spanien eingeführt. Varietäten des Baums wachsen weltweit in zahlreichen Ländern. Die Schale der Bitterorange verfügt über ein starkes Aroma und eine markante Bitterkeit. Sie wird gern zu Marmelade verarbeitet. Auch bei der Aromatisierung von Getränken, insbesondere Spirituosen und Likören, findet sie Verwendung; sie ist der Hauptbestandteil von Orangenbitter. Unter den für das Aroma der bitteren Schale verantwortlichen chemischen Verbindungen sind vor allem Limonen, Myrcen und Linalool zu nennen. Wird sie dem Gin als Botanical zugesetzt, sorgt sie, ähnlich der Orange, für würzige Vollmundigkeit, jedoch mit einer tieferen, dunkleren Note und unverkennbarer Bitterkeit. Sie harmoniert gut mit anderen süßlichen Botanicals wie Zimtkassie und Kardamom. Wegen ihrer Intensität sollte man die Bitterorange als Gin-Botanical allerdings sparsam verwenden. Die Schale kann frisch zugesetzt werden, kommt aber meist getrocknet zum Einsatz. Beispiele für Gins mit Bitterorange sind Gordon's, Hayman's London Dry Gin, City of London Dry Gin und Sipsmith.

Blended Gin | SORTE

SIEHE AUCH: Botanical-Rezeptur | Botanicals | London Gin | Rotationsverdampfer | Vakuumdestillation

Ein Gin, bei dem jedes Botanical in einem separaten Lauf destilliert wird und man die Destillate am Ende zum gewünschten Geschmacksprofil vermischt. Manche Destillateure fassen sie auch in Gruppen zusammen, etwa verschiedene Arten von Zitrusschalen oder Blüten, die dann gemeinsam destilliert werden. Verfechter von Blended Gins sind der Ansicht, dass die Methode dem Produkt eine größere Ausgewogenheit und Stimmigkeit verleiht, als das bei traditionellen Brennverfahren möglich ist. Außerdem kann der Destillateur dabei besser beeinflussen, in welchem Maß den Botanicals Aromen und Geschmacksstoffe entzogen werden, zum Beispiel indem er Mazerationszeit, Temperatur und den Alkoholgehalt jeder Charge genau festlegt und die Aggressivität des Brennvorgangs für jedes Botanical oder jede Botanical-Gruppe einzeln festlegen kann. Bei frischen Blättern oder Blüten wird die Brennblase auf niedrige Temperaturen eingestellt, damit es nicht zu einem Verkochen der Geschmacksstoffe kommt. Es lässt sich allerdings darüber streiten, ob Blended Gin gemäß der EU-Spirituosenverordnung noch zu den London Gins gerech-

net werden kann. Das Problem besteht darin, dass bei der Verabschiedung der Richtlinie im Jahr 2007 noch kein Brenner diese Methode angewandt hat. Beispiele für Blended Gins sind Sacred, Sloane's und Gin Mare.

Bombay Spirits Company | MARKE

SIEHE AUCH: Bergamotte | Botanical-Rezeptur | Botanicals | Dampfdestillation | Greenall's | Kubebenpfeffer | London Gin | Paradieskörner | Schwarzer Pfeffer | Zitronengras |

Die Geschichte der Marke Bombay Gin reicht ins Jahr 1957 zurück, als der New Yorker Anwalt Allan Subin beschloss, in den USA eine neue Gin-Marke zu lancieren. Das Produkt sollte eine dezidiert englische Note haben, und er beauftragte die Greenall's Destillery, ihm einen getreidebasierten, geschmacksschonend destillierten Gin nach ihrem Rezept von 1761 zu brennen. Diese Spirituose kam 1960 unter dem Namen Bombay Dry Gin auf den Markt; 1964 wurden 10.000 Kisten jährlich umgesetzt, 1970 waren es bereits 100.000 Kisten. 1980 wurde die Firma an International Distillers and Vintners verkauft.
Doch Ende der Siebziger kam der Gin aus der Mode; man trank lieber Wodka, ein Trend, der sich in den Achtzigern mit der Einführung von Absolut Vodka fortsetzte. Bombay reagierte darauf mit der Entwicklung von Bombay Sapphire. Die Marke hat ihren Namen vom Star of Bombay, dem berühmten blauen Saphir, der auch die Idee für die kultige blaue Flasche lieferte. Mit zwei neuen, exotischen Botanicals – Kubebenpfeffer und Paradieskörner – war Bombay Sapphire der erste echte Luxus-Gin. Durch seinen weichen, durch schonende Dampfdestillation erzielten Geschmack gewann der Gin zahlreiche neue Liebhaber.
1997 wurde die Marke von Diageo an Bacardi verkauft, und 2011 brachte Bombay Spirits mit Bombay Sapphire East einen Gin speziell für den amerikanischen Markt heraus. Er war mit zusätzlichen Botanicals wie Zitronengras und schwarzem Pfeffer aromatisiert. 2014 folgte ein Aged Gin namens Bombay Amber, dessen Produktion allerdings noch im sel-

ben Jahr wieder eingestellt wurde. Zur gleichen Zeit eröffnete man die Bombay Sapphire Distillery in Laverstoke Mill, Hampshire England. Ein Jahr später wurde dort Star of Bombay entwickelt, bei dem die traditionelle Botanical-Rezeptur um Bergamotte und die Samen des Bisameibisch (Abelmoschus) erweitert wurde. Dieser Gin wurde 2016 anlässlich der International Wine and Spirit Competition mit der London Dry Gin Trophy ausgezeichnet.

Booth's | MARKE

SIEHE AUCH: Aged Gin | Gin House | London Gin | Martini | Sipping Gin | Yellow Gin

Eine Gin-Marke und ein Gin House, gegründet um 1740 von John Booth, dem Vater von Sir Felix Booth. Das Erkennungsmerkmal der Marke ist der charakteristische rote Löwe auf dem Etikett. Die Firma findet sich erstmals unter dem Namen Philip Booth & Company Distillers of Clerkenwell in einem Branchenverzeichnis von 1778. Sie blieb bis 1896 in Familienbesitz und wurde dann in eine Gesellschaft mit beschränkter Haftung umgewandelt. Inzwischen gehört sie dem weltweit tätigen Getränkehersteller Diageo. In den 1920er und 1930er Jahren expandierte Booth's durch die Übernahme von Boord's Gin. Die Destillerie produzierte zwei London Dry Gins unter dem Booth's Lable: Booth's Finest (House of Lords) und Booth's High and Dry.

Angeblich soll Booth's House of Lords entstanden sein, als man einen im Fass gelagerten, fertigen Gin vergaß. Als man ihn probierte, stellte man fest, dass ihm das Holz einen milden Geschmack verliehen hatte. Daraufhin ging man bei Booth's dazu über, einen der Dry Gins absichtlich einem Reifungsprozess von mehreren Wochen zu unterziehen. Dazu benutzte man ehemalige Sherryfässer, wechselte dann aber in den Achtzigern zu Burgunderfässern. In den frühen Neunzigern wurde die Produktion von Booth's Finest eingestellt. Alte Werbeanzeigen verweisen auf seine goldene Farbe und bezeichnen ihn als »unerlässlichen Bestandteil eines perfekten Martini«. In den 1990er Jahren war Booth's High and Dry nur noch in den USA erhältlich; dort wurde er in einer Plastikflasche als

Billigprodukt vermarktet. 2016 ließ Booth's seinen House of Lords im Premiumsegment wieder auferstehen. Er bekam eine dekorative Glasflasche und wird in ehemaligen Sherryfässern zu einem intensiv gereiften Gin ausgebaut.

Borovička | SORTE

SIEHE AUCH: Ausgangsdestillat | Wacholder (gemeiner)

Ein Wacholderbrand, der in der Slowakei, Tschechien und Ungarn getrunken wird. Bei der Herstellung werden fermentierte Wacholderbeeren in einem Ausgangsdestillat eingeweicht und in ähnlicher Weise wie bei Gin gebrannt. Durch die Fermentierung werden Teile des Zuckers aus den Wacholderbeeren in Alkohol umgesetzt, und dieser wird dann zusammen mit dem Ausgangsdestillat gebrannt, welches in der Regel aus Getreide gewonnen wurde. Dadurch bekommt der Borovička einen stärkeren, harzigeren Wacholdergeschmack als die typischen Gins. Die Ursprünge des Borovička reichen ins 16. Jahrhundert zurück, als man mit den Wacholderbeeren die Verunreinigungen und den Fuselgeschmack von schlechtem Wodka zu überdecken suchte. Er wird normalerweise kalt und unverdünnt getrunken, nicht selten wie Wodka auf rituelle Weise.

Botanical Cuts | HERSTELLUNG

SIEHE AUCH: Alkoholgehalt | Ausgangsdestillat | Botanicals | Limonen | London Cut | Pot-Still-Destillation | Rektifikation

Während eines Brenndurchgangs, bei dem das Destillat aus einer Mischung von Neutralalkohol und Botanicals gewonnen wird, lässt man den Vor- und Nachlauf außer Acht und verwendet nur den Mittellauf. Dieses Verfahren heißt »taking cuts« oder »taking botanical cuts«. Ähnlich

geht man beim Brennen von Whisky, Rum oder Brandy vor, weil das schädliche Methanol aus dem Endprodukt entfernt werden muss. Bei der Herstellung von Gin wäre das eigentlich nicht nötig, hier dient das Verfahren der Verbesserung von Qualität und Charakter der Spirituose. Der als Vorlauf ausgesonderte Cut heißt auch »heads« oder »foreshot«, während der Nachlauf »tails« oder »feints« genannt wird. Der Mittellauf, dessen Alkoholgehalt angepasst und dann in Flaschen abgefüllt wird, gilt als »hearts«, als Herzstück des Destillats.
Die flüchtigeren ätherischen Öle der Gin-Botanicals, wie etwa das der Limonen, kommen zu Beginn des Destillationsvorgangs aus der Brennblase. In hohen Konzentrationen können sie den fertigen Gin scharf, säuerlich und leicht bitter machen. Head Cuts weisen typischerweise einen Alkoholgehalt von 89-93 Vol.-% auf. Gegen Ende eines Laufs zeigen sich die schweren, grünen, eher muffigen Aromen der Botanicals. Geraten zu viele davon in den Gin, wird der Alkohol rau und gibt dem fertigen Produkt eine muffige, leicht schmuddelige Note. Außerdem können sie beim Konsumenten Sodbrennen verursachen. Wird ein Gin als »Distiller's Cut« bezeichnet, so wurde mehr von den Köpfen bzw. Schwänzen entfernt, um einen besonders reinen und sauberen Gin zu erzielen. Solche Gins kommen häufig mit einem höheren Alkoholgehalt in die Flasche.

Botanical-Rezeptur | HERSTELLUNG

SIEHE AUCH: Ausgangsdestillat | Bitterorange | Botanicals | Engelwurz | Ingwer | Koriandersamen | Mazeration | Orange | Lavendel | Schwarzer Pfeffer | Wacholder (gemeiner)

Die Botanical-Rezeptur definiert den Charakter eines jeden Gin und verzeichnet nicht nur die Auswahl der Botanicals, sondern auch ihre jeweiligen Mengen. Es können auch Hinweise für die Verarbeitung der Botanicals gegeben werden, zum Beispiel, ob sie vor dem Gebrauch gemahlen oder zerstoßen werden und ob sie frisch oder getrocknet, pulverisiert oder ganz zur Verwendung kommen. Eine Botanical-Rezeptur legt auch genau fest, welche Botanicals mazeriert, das heißt in Alkohol eingelegt werden müssen, ob der Alkohol dabei kalt oder heiß ist, wie stark er sein soll und wie lange dies dauert. Im Folgenden das Beispiel einer Rezeptur für zehn Liter Neutralalkohol mit 50 Vol.-%:

60 g Wacholderbeeren
60 g Koriandersamen
10 g Engelwurz
6 g getrocknete Ingwerwurzel
3 g getrocknete Orangenschale
3 g schwarzer Pfeffer (Körner)
2,5 g getrockneter Lavendel

Botanicals | HERSTELLUNG

SIEHE AUCH: Bergamotte | Bitterorange | Botanical-Rezeptur | Koriandersamen | Kümmel | Limette (Persische) | Mandel | Orange | Rosmarin | Wacholder (gemeiner) | Wacholder (andere Arten) | Zimt | Zimtkassie | Zitrone | Zitronengras

Die Gesamtheit der Rohmaterialien, die, zu einer Rezeptur vereint, dem Gin seinen Geschmack und sein Aroma verleihen. Bis auf wenige Ausnahmen sind Botanicals in der Natur vorkommende Inhaltsstoffe; neben dem in jedem Gin enthaltenen Wacholder können dies Wurzeln wie Angelika (Engelwurz) und Ingwer sein, die Schalen von Zitrusfrüchten wie Zitrone, Limette, Orange und Bergamotte, Baumrinden wie Zimt und Zimtkassie, Samen wie Fenchel, Koriander oder Kümmel, Blätter wie Basilikum, Rosmarin und Lorbeer sowie eine Fülle anderer Pflanzenbestandteile, darunter Früchte, Zitronengras und Mandeln. Botanicals werden entweder in getrockneter oder frischer Form verwendet. Frische Botanicals haben in der Regel hellere Geschmacksnoten, verderben aber auch leicht, etwa durch Verkochen. Getrocknete Botanicals sind komplexer und vertragen die Hitze des Destillationsvorgangs besser, doch das verfügbare Angebot ist oft beschränkt.

Bramble | COCKTAIL

SIEHE AUCH: Eis | Garnituren | Gläser

Ein Cocktail, der 1984 von Dick Bradsell im Fred's Club in Soho, London, kreiert wurde und aus Gin, Zitronensaft, Zuckersirup und Crème de Mûre besteht. Das Getränk hat einen Vorläufer, und zwar den Gin Fix, der sich in Jerry Thomas' Cocktail Guide *How to Mix Drinks* von 1862 findet und aus Gin, Zucker, Zitrone und Wasser hergestellt wird. In den 1960er Jahren tauchte in Büchern verschiedentlich ein Drink namens Canadian Blackberry Fix auf. Das Rezept kombiniert Brombeeren mit kanadischem Whiskey anstelle von Gin. Der Bramble weist eine angenehme Balance zwischen süß und säuerlich auf; die saure Note kommt vom Zitronensaft, die Süße vom Zuckersirup und vom Crème de Mûre. Dabei handelt es sich um einen besonders süßen Likör aus Brombeeren, die an robusten, stacheligen Ranken wachsen, »bramble« genannt, daher der Name. Gelegentlich wird Crème de Mûre durch Chambord ersetzt, einen mit schwarzen Himbeeren (*Rubus occidentalis*) aromatisierten Likör. Der Cocktail ist dann kein echter Bramble mehr, denn der Geschmack des Likörs ist markant anders und macht das Getränk deutlich süßer. Man kann einen Bramble mit frischen Beeren und Zitrone garnieren.

Rezept für Bramble:
25 ml Gin
25 ml frisch gepresster Zironensaft
25 ml einfacher Zuckersirup
20 ml Crème de Mûre

Man füllt ein Glas mit zerstoßenem Eis, fügt die ersten drei Zutaten hinzu und rührt um. Dann träufelt man den Crème de Mûre darüber.

Britischer Wacholder | *JUNIPERUS COMMUNIS* | BOTANICAL

SIEHE AUCH: Terroir | Wacholder (gemeiner)

Als britischen Wacholder bezeichnet man jede Pflanze der Art gemeiner Wacholder, die in Großbritannien geerntet wird und in der Gin-Herstellung Verwendung findet. *Juniperus communis* ist eine von nur drei Koniferenarten, die in Großbritannien heimisch sind. Früher waren Wacholderbüsche dort weit verbreitet, doch bereits 1802 wurde in einem Brennereihandbuch geklagt, dass die Beeren meist aus Deutschland stammten, seinerzeit noch Teil des Heiligen Römischen Reiches, das bis nach Norditalien reichte, wo auch heute noch Wacholder angebaut wird. Auf importierten Wacholder wurde auch deshalb zurückgegriffen, weil die britischen Büsche nicht groß genug waren. Gleichwohl war die Verwendung von britischem Wacholder noch immer gängige Praxis; allerdings wies der Autor des Handbuchs darauf hin, dass die Früchte voll ausgereift und sorgfältig getrocknet sein sollten, bevor sie in verschlossenen Fässern gelagert werden.

Die Anzahl der Büsche im Vereinigten Königreich wurde durch die Erschließung von landwirtschaftlichen Nutzflächen weiter dezimiert, vor allem als während des Zweiten Weltkriegs die Lebensmittelversorgung gefährdet war. Heute setzt den Wacholderbüschen ein Pilz namens *Phytophthora austrocedrae* zu. Dennoch werden einige Gins noch immer mit britischem Wacholder gebrannt. Crossbill Gin of Scotland kommt mit nur zwei Botanicals aus: britischem Wacholder und Hagebutten, die in den Cairngorm-Bergen gesammelt werden. Hepple Gin verarbeitet einheimischen Wacholder im grünen, unreifen Zustand zusammen mit importierten reifen Beeren. Und Beckett's Gin verwendet ausschließlich Wacholder vom Box Hill in Surrey.

Burrough's | MARKE

SIEHE AUCH: Gin House | London Gin | Navy Strength Gin | Old Tom Gin

Ein geschichtsträchtiges Gin House, das von dem Apotheker James Burrough (1835-1876) gegründet wurde. Burrough erwarb seine erste Destillerie 1862 in Chelsea, London, und begann im Jahr darauf mit der Gin-Produktion. 1876 stellte die Brennerei bereits mehrere Gin-Marken her, darunter den James Burrough London Dry und einige Old Tom Gins. Später beschloss Burrough, seinem Flaggschiff-Gin anstelle des Familiennamens den Namen Beefeater zu geben. Das unterschied ihn von den Gin Houses seiner Zeit. Nach Burroughs Tod im Jahr 1876 erwarb die Familie Ländereien im nahegelegenen Lambeth, wo die Cale Distillery entstand. Dieser Standort wurde bis 1958 beibehalten, und man begann, auch in die Vereinigten Staaten zu exportieren. 2005 wurde Beefeater vom Spirituosenkonzern Pernod Ricard übernommen.
1951 stieg Neville Hayman, der James Burroughs Enkelin Marjorie geheiratet hatte, in die Firma ein; ihr gemeinsamer Sohn Christopher Hayman ist seit 1969 in dem traditionsreichen Familienbetrieb tätig. Als die Familie die Firma 1987 an Whitbread veräußerte, kauften die Haymans die Sparte James Burrough Fine Alcohols zurück und gaben ihr den Namen Hayman Distillers. Dort werden eine Reihe von Gins produziert, darunter der Hayman's London Dry und der Hayman's Royal Dock Navy Strength.

Bush Gin | SORTE

SIEHE AUCH: Botanicals | Geschmacksprofil | Myrthe | Terroir

Diese Gin-Sorte stammt ursprünglich aus Australien und wird auch Aussie-Gin genannt. Als Sorte etablierte sich der Bush-Gin in der zweiten Dekade des 21. Jahrhunderts, inspiriert von der einzigartigen Natur Australiens, deren Flora und Fauna zu 80 Prozent endemisch ist. Die Pflanzen und Tiere stammen nicht nur von dort, sondern sind nirgendwo anders in der Welt zu finden. Unter dem Einfluss des Bush Food Movement, das einheimische Pflanzen zum Verzehr empfiehlt, machten sich australische Destillateure für den Gebrauch regionaler Botanicals stark. Bush Gin besticht durch sein kräftiges, geschmacksintensives Profil, das von blättriger Zitrusfrische oder einer würzigen Mentholnote begleitet wird.

Manche dieser Gins benutzen Neutralalkohol aus regionalen Weinen und fast alle werden zunächst mittels Destillation, dann zusätzlich noch durch Infusion aromatisiert. Beliebte Botanicals sind Zitronenmyrte, Zimtmyrte, australische Buschtomate, Fingerlimette, Tasmanische Pfefferbeere und Akaziensamen.

C

Carter-Head-Brennblase | HERSTELLUNG

SIEHE AUCH: Alkoholgehalt | Botanicals | Charge | Hendrick's | Pot-Still-Destillation | Rektifikation

Diese Art von Brennvorrichtung wurde erstmals Ende des 19. Jahrhunderts von den Gebrüdern Carter angefertigt, die als Lehrlinge bei Aeneas Coffey, dem Pionier des kontinuierlichen Brennvorgangs, angefangen hatten. Sie besteht aus einer runden Brennblase mit einem Fassungsvermögen von etwa 3000 Litern (660 Gallonen), die die gewünschte Charge Neutralalkohol enthält. Darüber befindet sich eine zweite, säulenförmige Brennblase, die sogenannte Carter-Head, die der Rektifikation dient. Von dort verläuft ein Rohr zu der Kammer, die den Korb mit den Botanicals enthält. Auf diese Weise können die Alkoholdämpfe durch die Botanicals streichen und die ätherischen Öle extrahieren. Ein weiteres Rohr leitet sie anschließend in den Kondensator. In einer traditionellen Carter-Head ist es schwierig, die Botanicals direkt in den Kessel zu geben, da dieser nach jedem Brennvorgang geleert und gereinigt werden müsste, deshalb kommen die Botanicals in einen Metallkorb. Die Vorrichtung diente in der Coffey-Still ursprünglich dazu, den Alkohol zu rektifizieren und eine saubere Grundlage für die Wodka- oder Gin-Herstellung zu schaffen. Die Rektifikationssäule (oder auch Kolonne) reinigt den Alkohol und erhöht seine Stärke. Das macht die Extraktion der in den Botanicals enthaltenen Aromen einfacher und effektiver. Carter-Head-Stills sind noch bei der Rekya Distillery und bei der Herstellung von Hendrick's und Bombay Sapphire in Gebrauch, obwohl gemäß einer Neuregelung von 2014 die original Carter-Head-Stills für Bombay Sapphire in Laverstoke Mill inzwischen als Dakin-Stills bezeichnet werden.

Charge | HERSTELLUNG

SIEHE AUCH: Alkoholgehalt | Botanicals | Carter-Head-Brennblase | Pot-Still-Destillation

Eine Charge bezeichnet die Menge an Alkohol in der Hauptbrennblase, auch im Topf oder Kessel einer Brennanlage. Bei der Pot-Still-Destillation enthält diese auch die Botanicals im Gegensatz zum Dampfdestillationsverfahren, wo sie in einem Dampf- oder Botanical-Korb, auch Geistkorb, liegen. Manche Brennmeister wenden eine Kombination beider Methoden an, wobei Botanicals sowohl in die Charge als auch in den Korb gegeben werden. Der Alkoholgehalt der Charge hat entscheidenden Einfluss auf den späteren Geschmack des Gin. Bei der Pot-Still-Destillation beträgt er in der Regel zwischen 35 und 60 Vol.-%. Kommen zarte Botanicals zum Einsatz, deren ätherische Öle wasserlöslich sind, empfiehlt sich eine Charge mit geringerem Alkoholgehalt, weil die Öle so schonender extrahiert werden können. Während einer Dampfdestillation, insbesondere bei der Kombination von Kessel und Steigrohr (Kolonne) wie in einer Carter-Head-Brennblase, können höhere Alkoholgehalte zum Einsatz kommen; manche Destillerien, die dieses Verfahren nutzen, haben Chargen von 86 Vol.-%.

Chartreuse Grün | COCKTAIL-ZUTAT

SIEHE AUCH: Alkoholgehalt | Botanicals | Mazeration

Chartreuse Grün ist die wichtigste Zutat einiger Gin-Cocktails, darunter The Last Word und Bijou. Der Kräuterlikör, der mit 55 Vol.-% Alkohol in die Flasche kommt, enthält 130 Botanicals, eine Komposition aus den verschiedensten Kräutern, Gewürzen, Blättern, Samen und Wurzeln. Nach der Mazeration und der Destillation werden weitere Pflanzenbestandteile in das Destillat eingelegt, wodurch es seine typische grüne Färbung erhält. 1605 sollen die Mönche des Kartäuserklosters im französischen Vauvert das Rezept erhalten haben. 1764 wurde es weiter abgewandelt, bis schließlich Chartreuse Grün in der heutigen Form entstand. Während der ereignisreichen Geschichte des Ordens konnten die Likörrezepturen geheim gehalten und aufbewahrt werden. 1935 entstand in der Stadt Voiron eine Manufaktur, in der bis heute von den Mönchen produziert wird. Die Einnahmen kommen dem Erhalt des Klosters zugute.

Chinin | *CINCHONA OFFICINALIS* | BOTANICAL

SIEHE AUCH: Chininhaltiger Gin | Gin & Tonic | Tonic Water

Ein in der Chinarinde vorkommendes Alkaloid. Der Chinarindenbaum (*Cinchona officinalis*) ist in den Andenwäldern des westlichen Südamerika in Peru, Bolivien und Ecuador heimisch. Chinarinde wurde in Europa seit dem späten 16. Jahrhundert zu medizinischen Zwecken genutzt. Bereits zu Beginn des 17. Jahrhunderts fand man heraus, dass Chinin ein wirksames Mittel gegen Malaria ist. Weil Chinarinde so bitter ist, mischte man sie mit anderen Zutaten, um sie besser genießbar zu machen. So entstand unter anderem das Tonic Water.

Chininhaltiger Gin | SORTE

SIEHE AUCH: Botanicals | Chinin | Gin & Tonic | Hendrick's | Tonic Water | Wermut

Ein innovativer Gin, der neben anderen Botanicals Chinin oder Chinarinde enthält. Der erste chininhaltige Gin, der 1897 Quinine Gin, wurde 2015 von Atom Supplies in Verbindung mit der gemeinnützigen Organisation Malaria No More auf den Markt gebracht. Seither haben sich weitere Marken etabliert, etwa Gin Tonic der Distillerie de Paris oder der Orbium, den Hendrick's 2017 auflegte und der neben den Standard-Botanicals des Hauses auch Chinin und Wermut enthält. Dieser neue Trend wurde vom Tonic Water inspiriert. Dahinter stand die Idee, dass man einem Gin, der bereits Chinin enthält, nur kohlensäurehaltiges Wasser zugeben müsse, um einen Drink in der Art von Gin & Tonic zu erhalten; so kann man sich das Tonic Water und den zusätzlichen Zucker des traditionellen Cocktails sparen.

Common Gin | GESCHICHTE

SIEHE AUCH: Alkoholgehalt | Royal Gin (Genever) | Wacholder (gemeiner)

Als gewöhnlicher Gin wurde der gepanschte Gin bezeichnet, der Ende des 18. und Anfang des 19. Jahrhunderts in großen Mengen in Wirtshäusern ausgeschenkt wurde. Das folgende Rezept für Common Gin stammt aus einem Brennereihandbuch von 1805:

Rezept für 10 Gallonen Malzbrand:
2 Unzen Terpentinöl
1 Pfund Wacholderbeeren
4 Unzen Gewürzfenchel
4 Unzen Kümmel
3 Handvoll Meersalz

Dieser Schnaps wurde auf eine Trinkstärke gebracht, die 38 Vol.-% entspricht. Er enthält zwar Wacholderbeeren, bezieht sein harziges Kiefernaroma aber vornehmlich aus dem Terpentin, ein Öl, das durch Destillation von Kiefernharz gewonnen wird.

Compound Gin | HERSTELLUNG

SIEHE AUCH: Ausgangsdestillat | Botanicals | Ginebra San Miguel

Ein Herstellungsverfahren, bei dem die Botanicals nicht destilliert, sondern direkt dem Neutralalkohol beigegeben werden. Bei der einfachsten und billigsten Methode, einen kalt angesetzten Gin herzustellen, werden vorgefertigte ätherische Öle in das Ausgangsdestillat gemischt. Man kann aber auch frische oder getrocknete Botanicals mit dem Neutralalkohol ansetzen, diese geben dann ihre Aromen und teilweise auch ihre Farbe an den Alkohol ab. Vorteile des Compound Gin sind ein geringer finanzieller Aufwand für die Ausstattung und günstige Herstellungskosten. Allerdings ist das Produkt weniger konstant und stabil. Auch der Geschmack ist anders als bei destilliertem Gin, weil nur bestimmte Geschmacks- und Aromastoffe aus den Botanicals vom Alkohol extrahiert werden. Beispiele für Compound-Gin sind Cork Dry Gin und Ginebra San Miguel.

Contemporary Gin | SORTE

SIEHE AUCH: Aviation | Botanical-Rezeptur | Botanicals | Geschmacksprofile | Hendrick's | Klassischer Gin | Klassischer / wacholderbetonter Gin | Martin Miller's | Transatlantic Gin

Eine moderne Gin-Sorte, die sich weniger an den traditionellen, waldigen, wacholderbetonten Geschmacksprofilen orientiert und die Betonung auf andere Botanicals wie Zitrus- oder Gewürzaromen legt. Auch wenn solche alternativen Botanicals hier mehr zur Geltung kommen als in vielen klassischen Gins, so ist der Wacholder doch die wesentliche Zutat, ohne die sich eine Spirituose nicht Gin nennen darf. Die Ursprünge des Contemporary Gin liegen in den letzten Jahren des ausgehenden 20. Jahrhunderts. Auf der Suche nach Innovation experimentierten Destillateure und Gin-Labels mit neuen Geschmacksprofilen, was zur Entwicklung von Marken wie Hendrick's, Martin Miller's, Tanqueray Malacca und Beefeater Wet führte. Einer der ersten Gins, die sich als »zeitgenössisch« bezeichneten, war der von Ryan Magarian kreierte Aviation. Um das Jahr 2009 prägte Magarian den Begriff »New Western Gin« für eine Geschmacksrichtung, die, wie der Aviation, den Schwerpunkt weniger auf den Wacholder legt. Ein anderer früher Vertreter dieser Richtung war der Bluecoat Gin, der 2006 auf den Markt kam und als »New American Dry« beschrieben wurde.

Contemporary Gin kann als Überbegriff für beide gelten, ebenso wie für die Bezeichnungen »New Wave Gin«, »21. Jahrhundert-Gin« und »Modern Gin«.
Contemporary Gins werden auch deshalb immer beliebter, weil durch den Trend zum Craft-Gin weltweit viele kleine Destillerien entstanden sind. Da solche Kleinbetriebe preislich mit den eingeführten Marken nicht konkurrieren können, bietet ihnen ein originelles Geschmacksprofil die Möglichkeit, sich auf dem Markt zu positionieren. Außerdem haben Contemporary Gins neue Konsumentengruppen für das Getränk gewonnen, indem sie zur Erkundung und zum Genuss eines breiteren Geschmacksspektrums einladen.

Cordial Gin | SORTE

SIEHE AUCH: Alkoholgehalt | Botanical-Rezeptur | Fruit Gin | Old Tom Gin

Eine Art gesüßter Gin, der sich vom Old Tom unterscheidet. Den Old Tom musste man noch süßen, um die Verunreinigungen des Ausgangsdestillates zu überdecken, doch durch die Einführung des kontinuierlichen Destillationsverfahrens im Jahr 1822 verbesserten sich Qualität und Reinheit des Neutralalkohols erheblich, sodass kein Nachsüßen mehr nötig war. Dennoch gab es Konsumenten, die ihren Gin gern süß tranken. Da Gin mittlerweile in Flaschen erhältlich war und die Konkurrenz unter den Destillerien stetig wuchs, kamen einige Gin Houses diesem Wunsch nach. Cordial Gins aus der zweiten Hälfte des 19. Jahrhunderts wurden häufig nach einer Botanical-Rezeptur gebrannt, die ein nachträgliches Süßen vertragen konnte. Sie waren auch die erste Gin-Sorte, die in zwei Stärken angeboten wurde, einer schwächeren für den Purgenuss und einer stärkeren zum Mixen. Als sich mit der Zeit trockenere, ungesüßte Geschmacksrichtungen durchsetzten, verschwanden die gesüßten Gins vom Markt. 2016 legten Hayman Distillers einen neuen Cordial Gin mit 42 Vol.-% auf, also einem Alkoholgehalt, der genau zwischen den beiden historischen Werten lag. Ein Jahr später folgte Sipsmith mit einem ähnlichen Produkt. In den USA wird Cordial Gin als »Likör mit markant charakteristischem Gin-Geschmack« bezeichnet. Er kommt dort mit einem Alkoholgehalt von 30 Vol.-% und mehr in die Flasche und darf nicht mehr als 2,5 Prozent Wein enthalten.

Cream Gin | GESCHICHTE

SIEHE AUCH: Botanicals | Gin-Palast | Old Tom Gin | Rotationsverdampfer | Young Tom

Ein Gin aus dem viktorianischen England. Unsere wichtigste Informationsquelle über dieses Getränk ist die 1836 erschienene Sammlung *Sketches by Boz* [dt. *Die nächsten Nachbarn. Skizzen von Boz*] von Charles Dickens, in denen der Autor die Atmosphäre in den Gin Shops und Gin-Palästen schildert. Dickens beschreibt, wie unterschiedliche Gin-Sorten aus jeweils eigenen Fässern ausgeschenkt wurden. Die Fässer trugen Namen wie »The Cream of the Valley«, »The Out and Out«, »The No Mistake«, »The Good for Mixing« and »The Real Knock-me-down«, außerdem gab es den »Old Tom«, den »Young Tom« und den »Samson«. Das *cream* in Cream Gin bezieht sich nicht etwa auf Sahne, sondern hat hier die Bedeutung »das Beste vom Besten«. In diesem Sinne wird der Ausdruck auch bei dem Sherry Harvey's Bristol Cream gebraucht. Nicholson's produzierte in den 1830er Jahren seinen »celebrated Cream Gin«. Einige moderne Brennmeister gehen inzwischen auf die wörtliche Bedeutung zurück, indem sie ihrem Gin Sahne beifügen. Dieser Trend nahm seinen Anfang als Spezialität einer auf viktorianisch gestylten Cocktailbar in London, dem Worship Street Whistling Shop, wurde dann von Atom Supplies aufgegriffen und kommerziell umgesetzt. Bei diesem Gin wird Sahne als Botanical benutzt. Er wird in einem Rotationsverdampfer destilliert, und jede Flasche enthält das Äquivalent von 100 ml Sahne.

Crème de Violette | COCKTAIL-ZUTAT

SIEHE AUCH: Aviation

Ein lilafarbener Likör, der aus Veilchen hergestellt wird. Das Wort *crème* im Namen hat nichts mit Milchprodukten zu tun, es ist vielmehr ein Hinweis auf den Mindestzuckergehalt des Produkts. Die Ursprünge des Crème de Violette liegen im Osmanischen Reich, wo es üblich war, mittels Destillation Blütenessenzen herzustellen. Diese Methoden wurden von französischen Winzern übernommen, die damit Neutralalkohol für den Export nach Syrien aromatisierten. Der erste Crème de Violette kam 1783 in Philadelphia auf den Markt. Im 19. Jahrhundert erfreute sich der Likör in europäischen Adelskreisen großer Beliebtheit.

Nach weiteren modischen Peaks und einem notgedrungen reduzierten Konsum während der beiden Weltkriege blieben solche farbenfrohen Liköre bis in die 1950er Jahre hinein populär. In den 1960er Jahren gingen Produktion und Destillation von Crème de Violette jedoch zurück, und erst 2006 beschloss Rothman & Winter, die österreichische Version der Spirituose wieder aufleben zu lassen. 2009 legte die deutsche Firma The Bitter Truth einen vom Original inspirierten Crème de Violette auf.

Der Likör ist eine unerlässliche Zutat für folgende Cocktails: Aviation, Eagle's Dream und Pousse Café.

D

Dampfdestillation | HERSTELLUNG

SIEHE AUCH: Bombay Spirits Company | Botanicals | Carter-Head-Brennblase | Grennall's | Hendrick's | Pot-Still-Destillation | Vakuumdestillation

Eine um die Mitte des 19. Jahrhunderts entwickelte Technik, bei der man die Botanicals in einen Korb (Geistkorb) legt, anstatt sie wie bei der Pot-Still-Destillation zusammen mit dem Alkohol direkt in die Brennblase zu geben. Wenn der Alkohol kocht, bilden sich Dämpfe, die durch den perforierten Korb mit den Botanicals ziehen und deren Aromen und Geschmacksstoffe extrahieren. Das bedeutet, dass sich die Botanicals weiter entfernt von der Wärmequelle befinden und während des Destillationsprozesses keinen so hohen Temperaturen ausgesetzt sind, wodurch sich ein Verkochen und die damit verbundene geschmackliche Beeinträchtigung vermeiden lässt. Brennmeister wenden diese Methode daher vorzugsweise bei empfindlichen Botanicals wie frischen Blättern oder Blüten an. Weil die Alkoholdämpfe von unten nach oben durch den Geistkorb ziehen, hat die Reihenfolge, in der die Botanicals dort platziert werden, Einfluss auf den Geschmack des Gin, denn weiter oben liegende Pflanzenteile lassen sich leichter extrahieren als jene darunter. Die Dampfdestillation erfolgt meist in einer Carter-Head-Brennblase, wie sie etwa zur Herstellung von Greenall's, Bombay Sapphire und Hendrick's verwendet wird.

Diamant-Methode | MIXOLOGIE

SIEHE AUCH: Eis | Martini | Shaken / Shaking | Stirred / Stirring

Mixmethode, die durch Alessandro Palazzi vom Dukes Hotel in London berühmt wurde und vor allem bei Martini zum Einsatz kommt. Dabei werden die Gläser mit Wermut gespült oder bespritzt, bevor der Gin eisgekühlt hineingegossen wird. Auf diese Weise lässt sich der Gebrauch von Eis vermeiden. Gin aus dem Tiefkühlfach hat etwa -12 °C, bei Raumtemperatur hingegen etwa 20 °C. Der Drink ist kälter und stärker und hat ohne den verwässernden Effekt des Eises eine zähflüssige Konsistenz – auch eine Folge der niedrigen Temperatur des Gin. Kritiker bemängeln, der Drink sei letztlich nicht mehr als ein Glas mit kaltem Gin, doch dafür bietet er die Möglichkeit zu einer theatralischen Darbietung. Im Dukes Hotel wurden die Drinks mit Hilfe eines Servierwagens direkt am Tisch des Gastes zubereitet. Wegen des hohen Alkoholgehalts und der großzügigen Dosierung wurden an der Hotelbar grundsätzlich nur zwei Cocktails pro Gast ausgeschenkt.

Dirty Martini | COCKTAIL

SIEHE AUCH: Martini | Shaken / Shaking

Eine Variante des Martini-Cocktails. Während der klassische Martini oft mit einer oder mehreren Oliven garniert wird, geht man beim Dirty Martini noch einen Schritt weiter, indem man vor dem Mixen Olivenlake in den Shaker oder ins Rührglas gibt. Weitere Oliven dienen als Garnitur. Der Cocktail bekommt so einc vegetabile Salzigkeit, die den Appetit anregt, weshalb er gern vor dem Essen getrunken wird. In der noch extremeren Variante, dem Filthy Martini, kommen neben der Lake sogar noch Oliven dazu, die im Shaker oder Rührglas zerstoßen wurden. Ganz wichtig ist es, den Cocktail gut abzuseihen, damit er keine Feststoffe enthält. Der Ursprung des Dirty Martini geht angeblich auf das Jahr 1901 zurück, als John E. O'Connor im Waldorf Astoria Hotel in New York einen

Martini mit zerstoßenen Oliven mixte. Während des Zweiten Weltkriegs soll Präsident Roosevelt seinen Martini bevorzugt mit einem Teelöffel Olivenlake getrunken haben.

Destillateur | HERSTELLUNG

SIEHE AUCH: Destillerie | Rektifikation | Vertragsdestillerien

Eine Person, die bei der Herstellung von Gin oder anderen Spirituosen die Destillation und Rektifikation durchführt oder überwacht. Früher wurde man Destillateur, indem man eine Lehre bei einem Brennmeister in einer Destillerie absolvierte. Der Lehrling lernte sein Handwerk unter Aufsicht des Meisters. Als sich Mitte des 20. Jahrhunderts das Destilleriewesen konsolidierte, kam das Meister-Lehrling-Modell aus der Mode, obwohl der Titel Brennmeister weiterhin für den ältesten Destillateur eines Betriebs benutzt wurde. Heute, wo die Zahl der Destillerien stetig steigt, geht der Trend dahin, ihn dem erfahrensten Brenner des Betriebs vorzubehalten, jemandem, der über jahrzehntelange Praxis verfügt oder in der Lage ist, unterschiedlichste Spirituosen zu destillieren und zu rektifizieren. Die Bezeichnung Chefdestillateur gebührt oft dem ältesten Mitglied eines Teams; er ist nicht unbedingt mit dem Tagesgeschäft des Brennens beschäftigt, sondern überwacht den Betriebsablauf. Inzwischen ist Destillateur wieder ein Ausbildungsberuf mit drei Jahren Lehrzeit.

Destillation | HERSTELLUNG

Siehe: Dampfdestillation, Pot-Still-Destillation, Rektifikation.

Destillerie | HERSTELLUNG

SIEHE AUCH: Destillateur | Plymouth Gin | Vertragsdestillerien

Herstellungsort für Gin (und andere Spirituosen) mit den entsprechenden Destillationsanlagen. Bei vielen Gin-Marken wird die Destillerie von der Firma selbst betrieben, aber manchmal wird die Herstellung auch an Vertragsdestillerien vergeben. Destillerien verfügen über Brennkessel, Mischbehälter und oft auch über Abfüllanlagen, entweder voll- oder halbautomatisch, gelegentlich wird auch noch von Hand abgefüllt. In jüngster Zeit erfreut sich das Konzept der Erlebnisdestillerie wachsender Beliebtheit; das heißt, dass sich die Destillerien für Besucher öffnen; es gibt Führungen, und man kann Spirituosen und Souvenirs kaufen. Vorreiter dieses Trends war die Plymouth Gin Distillery, aber richtig Fahrt aufgenommen hat er 2009 mit der Eröffnung der Sipsmith Distillery in London.

E

Engelwurz | *ANGELICA ARCHANGELICA* | BOTANICAL

SIEHE AUCH: Botanical-Rezeptur | Botanicals | Chartreuse Grün | Fixative | Roter Wermut | Trockener Wermut

Das dritte dem Gin häufig beigemischte Botanical ist die Engelwurz, auch Angelikawurzel, wilder Sellerie oder norwegische Engelwurz genannt. Wie viele weitere Botanicals gehört auch sie zur Familie der Doldenblütler (*Apiaceae*) oder Karottengewächse. Sie ist in nordeuropäischen Ländern und dem westlichen Russland heimisch, wird aber auch in Deutschland, Frankreich und Belgien angebaut und kommt wild in kühleren Klimazonen wie Großbritannien, Skandinavien und Teilen Nordamerikas vor. Vor der Verwendung wird die Wurzel der Engelwurz getrocknet und grob zerkleinert. Dem Gin verleiht sie eine erdige, holzige, trockene Note und gilt als das Botanical, das »dem Gin seine Trockenheit gibt«. Sie wirkt auch als Fixativ, das heißt, sie sorgt für die bessere Vermischung der Aromen und rundet das Geschmacksprofil ab. Engelwurz findet auch in Kräuterschnäpsen und -likören wie Wermut, Aquavit, Bénédictine, Absinth und Chartreuse Verwendung.

F

Filtrierung | HERSTELLUNG

SIEHE AUCH: Alkoholgehalt

Nachdem der Gin destilliert und auf die angestrebte Trinkstärke verdünnt wurde, muss er vor dem Abfüllen gefiltert werden. Außerdem muss sichergestellt sein, dass die Flaschen sauber und staubfrei sind, denn Verunreinigungen könnten zu unerwünschten Sedimenten führen. Die meisten Destillateure lassen ihren Gin durch Filter mit 0,5 Mikron laufen, das entspricht 5/1000stel eines Millimeters, also ein sehr feiner Filter, der auch kleinste Partikel zurückhält.
Manche Destillateure gehen noch einen Schritt weiter und investieren Zeit und Geld in eine zusätzliche Kaltfiltrierung. Dabei wird die Spirituose auf -10 °C bis 4 °C heruntergekühlt und dann durch einen feinen Filter gegossen. Bei so tiefen Temperaturen fällen die Partikel aus oder setzen sich ab und können vom Filter zurückgehalten werden. Die Kaltfiltrierung reduziert die Gefahr einer Eintrübung des fertigen Produkts, vor allem, wenn Eis, Wasser oder Tonic zugegeben werden, doch Kritiker bemängeln, dass damit auch eine geschmackliche Beeinträchtigung einhergeht.

Finsbury Gin | MARKE

SIEHE AUCH: Alkoholgehalt | Destillerie | London Gin

Finsbury London Dry Gin wurde ursprünglich in der Finsbury Distillery in Finsbury nahe Clerkenwell hergestellt, einem Stadtviertel nördlich der City of London. Die Destillerie wurde 1740 von Joseph Bishop gegründet. In dieser Gegend gab es noch weitere Destillerien, weil durch die dort

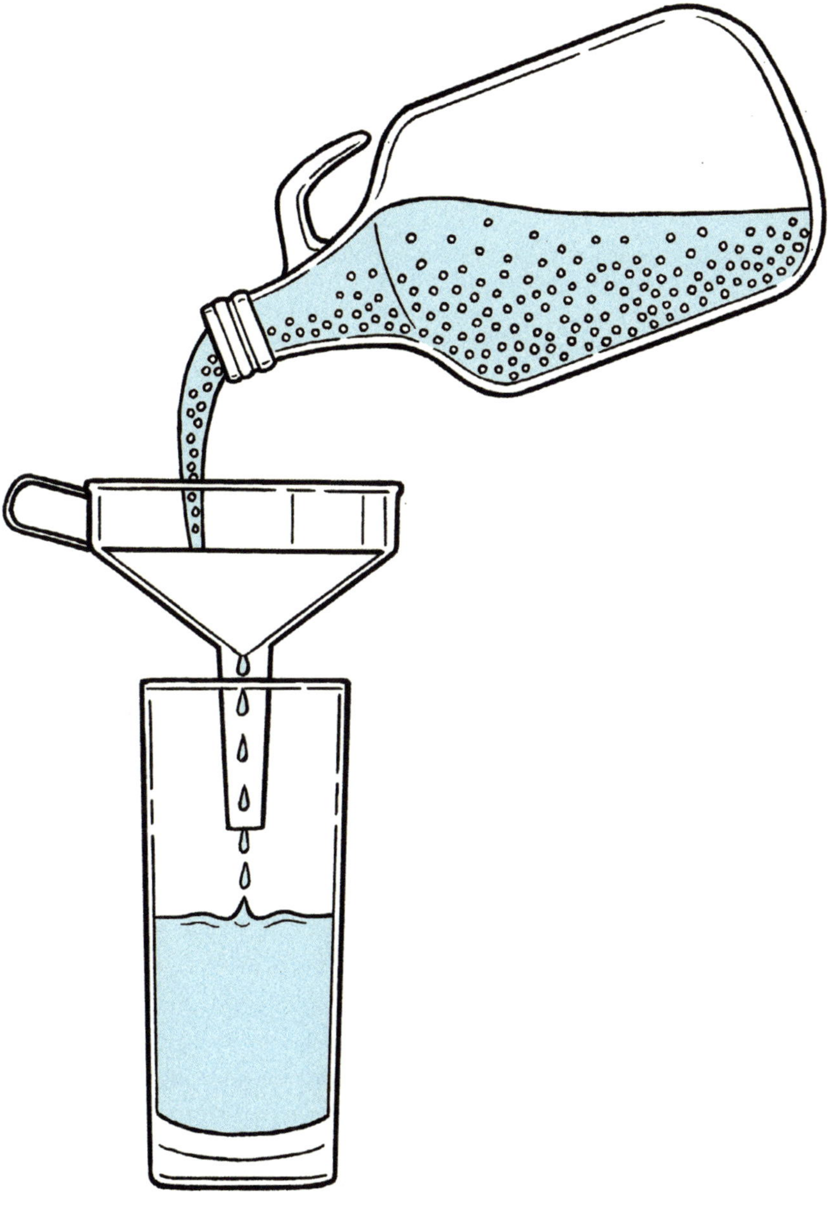

vorhandenen Quellen sauberes Wasser zur Verfügung stand. Inzwischen gehört Finsbury Gin dem deutschen Unternehmen Borco International, wird aber in einer Still No. 7, auch Jenny genannt, in der Langley Distillery bei Birmingham gebrannt. Diese Kupferbrennblase fasst 10.000 Liter (2640 Gallonen). Die Finsbury-Gin-Serie umfasst eine Version mit 37,5 Vol.-% und eine eher hochprozentige Abfüllung mit 60 Vol.-% sowie den von Kritikern hochgelobten Finsbury Platinum mit 47 Vol.-%.

Fixative | HERSTELLUNG

SIEHE AUCH: Engelwurz | Iriswurzel | Koriandersamen | Muskat

Die Geschmacks- und Aromaträger in den Botanicals, die dem Gin seinen Charakter verleihen, sind ihrer chemischen Natur nach flüchtig. Ohne diese Volatilität könnten sie nicht so leicht destilliert werden. Als Volatilität bezeichnet man die Eigenschaft eines Stoffes, sich zu verflüchtigen; stellen Sie sich zum Beispiel vor, Sie öffnen eine Flasche Gin, und ein exotisches Bukett an Botanicals erfüllt die Luft. Solche sich verflüchtigenden Aromen sind eine Einladung, doch mit der Zeit kann der Gin dadurch an Komplexität verlieren. Abhilfe schaffen da die Fixative, die Aromen binden und ein Verdunsten der volatilen Anteile des Gin (zum Beispiel die Zitrusaromen) verhindern.

Ein Fixativ hat die Eigenschaft, »bei einem Duftöl die unterschiedliche Volatilität der flüchtigen Bestandteile des Ausgangsmaterials auszugleichen und ihnen Dauerhaftigkeit zu verleihen«. Auf diese Weise kann der Gin seinen Charakter und seine Geschmacksnuancen dauerhaft bewahren. Fixative haben einen höheren Siedepunkt als die flüchtigen Stoffe, die sogenannten Leichtsieder. Im Gemisch geben sie der Flüssigkeit eine ungeordnete Struktur, die im Verein mit der Bildung schwacher Verbindungen, sogenannter Van-der-Waals-Kräfte, dazu führt, dass die Leichtsieder weniger schnell verdampfen. Bei sachgerechtem Einsatz von Fixativen bleiben Geschmack und Aroma des Gin auch über längere Zeit haltbar und stabil. Als Fixative werden unter anderem Koriandersamen, Engelwurz, Lilienwurzel und Muskat verwendet.

Florale Note | GESCHMACKSPROFIL

SIEHE AUCH: Botanical-Rezeptur | French 75 | Geschmacksprofile | Hendrick's | Kamille | Lavendel | Lilienwurzel | Martini | Rose | Süßholzwurzel | Wacholder (gemeiner) | Zimtkassie | Zitrusnote

Verglichen mit den anderen gängigen Geschmacksprofilen des Gin stellt diese Kategorie eine relativ kleine Gruppe dar. Zu den floralen Botanicals zählen Lavendel (der gut mit Wacholder und waldigen Aromen harmoniert), Kamille, Rose und Zitrusblüte. Sie werden in einer Rezeptur oft durch Botanicals mit botanischer Süße ergänzt, etwa Süßholzwurzel, Kassiawurzel oder Lilienwurzel. Der Geschmack floraler Gins ist meist gut ausbalanciert, fein und elegant. Sie eignen sich besonders für Short Drinks wie Gin Daisy, Martini und French 75. Beispiele für florale Gins sind Bloom, Geranium, Golden Moon, Silent Pool, Hendrick's und Nolet's Silver Dry Gin.

French 75 | COCKTAIL

SIEHE AUCH: Eis | Gläser | Prohibition | Shaken / Shaking

Dieser Cocktail, bestehend aus Champagner, Zitronensaft und Gin ist genau das Richtige für feierliche Anlässe. Der Drink hat seinen Ursprung in den 1920er Jahren, obwohl ähnliche Getränke wie etwa der Champagner Cup bis in viktorianische Zeit zurückgehen. Seine erste Erwähnung fand der French 75 im Jahr 1927 in dem Buch *Here's How!* aus der Prohibitionszeit. Darin beschreibt ihn der Autor Judge Jr. als einen Tom Collins, bei dem man Sodawasser durch Champagner ersetzt. Die Zutaten sollten in ein hohes Glas mit Eis gegeben und nicht geschüttelt werden. Der Drink wird, mit nahezu identischem Rezept, auch in der 1930 erschienenen Ausgabe von *The Savoy Cocktail Book* von Harry Craddock erwähnt. Sein Name soll angeblich auf ein Feldgeschütz der französischen Artillerie zurückgehen, die 75-mm-Kaliber M1917 von 1918. Ein wahrscheinlicherer Kandidat als Namensgeber ist jedoch die Canon de

75 modèle 1897, die bis 1940 hergestellt wurde, denn das Geschütz war weit verbreitet und wurde auch als »75« oder »French 75« bezeichnet. Bei einigen modernen Rezepten für den French 75 findet sich der überflüssige Schritt, die ersten drei Zutaten zu schütteln, bevor man den Cocktail ungeeist in einem Champagnerglas serviert; das Ergebnis ist, darauf sei hingewiesen, ein eher warmer Drink.

Rezept für French 75:
35 ml Gin
15 ml frisch gepresster Orangensaft
15 ml einfacher Zuckersirup
3-4 Spritzer Orangenbitter (optional)
Champagner zum Auffüllen

Man füllt ein hohes Glas mit Eis, fügt die ersten drei Zutaten hinzu und rührt gut um. Dann träufelt man bei Bedarf den Orangenbitter darüber und füllt mit Champagner auf.

Fruit Cups | COCKTAIL-ZUTAT

SIEHE AUCH: Ginger Ale | Plymouth Gin | Roter Wermut | Tonic Water

Ein aus einer hochprozentigen Spirituose, Likörwein und anderen Aromastoffen zubereiteter Punsch, der mit alkoholfreien Getränken wie Limonade, Ginger Ale oder Tonic Water verdünnt wird. Der verdünnte Drink wird gern in einem Krug mit Eis gereicht und mit Früchten, Blüten und Blättern (zum Beispiel von Zitrone, Limette, Minze oder Borretsch) garniert. Der am meisten verbreitete Fruit Cup ist Pimm's No. 1, der erstmals 1840 auf den Markt kam. Er enthält Gin und hat viele andere Destillerien inspiriert, eigene Versionen dieses Getränks aufzulegen, zum Beispiel die Plymouth Distillery, Sipsmith Distillery, New Columbia Distillers und die Cotswolds Distillery.

Fruit Gin | SORTE

SIEHE AUCH: Gordon's | Sloe Gin

Ein Gin, der durch das Einlegen von frischen oder getrockneten Früchten aromatisiert wird. Fruit Gins sind oft gesüßt, manchmal unter Hinzugabe von Fruchtsaft. Der bekannteste Fruit Gin ist wohl der aus Schlehen hergestellte Sloe Gin, der eigentlich eine eigene Kategorie darstellt und als Likör klassifiziert wird. Im frühen 20. Jahrhundert kamen auch kommerziell produzierte Fruit Gins auf den Markt, wobei Orange und Zitrone die beliebtesten Geschmacksrichtungen waren. Gordon's stellte fast 60 Jahre lang einen Orangen- und einen Zitronen-Gin her. In Schottland war ein Apfel-Gin besonders populär, bei dem die löslichen Teile von Äpfeln in Gin eingelegt wurden. Beliebte Geschmacksrichtungen jener Zeit waren auch Passionsfrucht, Ananas, Ahorn, Sellerie und Spargel. In den 1960er Jahren ging die Nachfrage zurück, aber zu Beginn des 21. Jahrhunderts feierten die Fruit Gins ihr Comeback, zunächst mit einem Orangen-Gin, später mit neuen Geschmacksvarianten wie Holunder, Rhabarber, Kirsche und Ananas.

G

Galgant | *ALPINIA GALANGA* | BOTANICAL

SIEHE AUCH: Botanical-Rezeptur | Botanicals | Ingwer | Koriandersamen | Pinen | Wacholder (gemeiner) | Zitrusnote

Auch bekannt als blauer oder Thai-Ingwer. Ein Rhizom, das eng mit dem gemeinen Ingwer verwandt ist und zur Familie der *Zingiberaceae* gehört. Galgant ist ursprünglich in Indonesien heimisch, wächst aber auch auf den Philippinen, in Laos, Malaysia und Thailand. Äußerlich gleicht er der Ingwerwurzel, hat aber eine dunklere rosa-bräunliche Haut. Einst war Galgant ein beliebtes Gin-Botanical, was wohl auf den Geschmack nach Zitrus- und Zedernaromen zurückzuführen ist, die gut mit anderen Ingredienzien wie Wacholder, Koriandersamen und Zitrusschalen harmonieren. Galgant enthält das ätherische Öl Galganol, das sich im Destillationsprozess in die chemischen Verbindungen Pinen, Cineol (Eukalyptol) und Eugenol aufspaltet. Gin 1495 Verbatim und Gin 1495 Interpretatio benutzen nach wie vor Galgant als Botanical.

Garnituren | COCKTAIL-ZUTAT

SIEHE AUCH: Gin & Tonic | Gin Tonica

Für die optische Vollendung und geschmackliche Abrundung eines Drinks sorgt die Garnitur. Die verbreitetste Garnitur sind die Schalen von Zitrusfrüchten – normalerweise Zitrone, Limette, Orange oder Grapefruit – die auf unterschiedliche Weise eingesetzt werden. Ein Wedge ist ein vertikal von einem Ende der Frucht zum anderen geschälter Streifen, den man entweder auf dem Drink oder am Rand des Glases platziert. Als Wheel bezeichnet man eine horizontal aus dem Gesamtumfang der Frucht geschnittene Scheibe; ein Twist ist ein Stück Schale, das vom Fruchtfleisch abgelöst und dann über dem Glas ausgepresst wird, damit die ätherischen Öle in den Drink gelangen.

Es herrscht Uneinigkeit darüber, ob man für den Gin & Tonic besser Zitrone oder Limette benutzen soll. Zitrone ist süßer und passt deshalb besser zu klassischen, trockenen Gins, während die herbere Limette einen interessanten Kontrast zu den süßeren Geschmacksprofilen einiger moderner Gin-Marken bildet. Ein Kompromiss – der Gebrauch beider Früchte – ist als Evans Gin & Tonic bekannt. Andere zur Dekoration von Gin benutzte Garnituren sind Oliven, Cocktailzwiebeln, Gurkenscheiben, Basilikumblätter, Rosmarinzweiglein und Schokoladenspäne.

Genever | GIN-SORTE

SIEHE AUCH: Alkoholgehalt

Genever, auch Jenever, stammt aus den Niederlanden und hat seinen Namen von dem holländischen Wort für Wacholder (*Jeneverbes*). Die Herstellung erfolgt meist auf der Basis eines würzigen Ausgangsdestillats, dem sogenannten Malzwein (*Moutwijn*), der aus Gersten- oder Roggenmalz und auch aus Mais gewonnen wird. Das Verfahren ähnelt dem der Whiskey-Herstellung, wobei die Getreide-Maische drei bis vier Mal in einer Brennblase destilliert wird. Es gibt vier verschiedene Arten von Genever.

Jonge Genever ist ein relativ junges Produkt, das in den 1950er Jahren als leichte, gut zum Mixen geeignete Spirituose entwickelt wurde. Er hat eine größere Nähe zum Gin und enthält weniger Malzwein als die anderen Genever-Typen. Sein Alkoholgehalt muss bei 35 Vol.-% liegen, und er darf pro Liter nicht mehr als 15 Prozent Malzwein und 10 g Zucker enthalten.

Der Name Oude Genever bezeichnet eher den Stil als das Alter der Spirituose. Solche Genever sind von höherer botanischer Intensität, und der Geschmack des Ausgangsdestillats ist präsenter. Für sie ist ein Alkoholgehalt von 35 Vol.-% vorgeschrieben, sie dürfen pro Liter nicht mehr als 20 g Zucker enthalten und bestehen zu mindestens 15 Prozent aus Malzwein. Wenn Oude Genever zusätzlich als »aged« etikettiert ist, muss er mindestens ein Jahr in einem Fass von 700 Litern (oder kleiner) gereift sein.

Korenwijn (Kornwein) kann sich ein Genever nennen, der bei einem Alkoholgehalt von 38 Vol.-% mindestens 51 Prozent Malzwein enthält. Ein Liter darf mit höchstens 20 g Zucker versetzt sein.

In der letzten Kategorie sind die mit Früchten aromatisierten Genever zusammengefasst; sie zeichnen sich durch geringere botanische Intensität und ein neutraleres Ausgangsdestillat aus.

Geschmacksprofile | HERSTELLUNG

SIEHE AUCH: Florale Note | Gewürznote | Klassischer / wacholderbetonter Gin | Kräuternote | Zitrusnote

Den charakteristischen Zusammenklang, den Geschmack und Aromen eines Gin bilden, nennt man sein Geschmacksprofil (auch Aromenprofil). Die Vielfalt der in der Gin-Herstellung benutzten Botanicals führt dazu, dass Gins ganz unterschiedlich schmecken können. Um dem Konsumenten den Überblick zu erleichtern, haben Gin-Trinker, Autoren, Multiplikatoren und Firmen eine Vielzahl von Geschmackskategorien entwickelt, in die sich die meisten Gins einordnen lassen. Beispiele dafür sind der klassische, wacholderbetonte Gin, die Zitrus-, Kräuter- und Gewürznote sowie die florale Note. Natürlich können Gins auch in mehr als eine dieser Kategorien passen, und wegen der Unterschiede im Geschmacksempfinden fällt die Zuordnung nicht immer gleich aus.

Gewürznelken | *SYZYGIUM AROMATICUM* | BOTANICAL

SIEHE AUCH: Botanical-Rezeptur | Botanicals | Gewürznote | Muskat | Zimt

Gewürznelken sind die nicht ausgereiften, sonnengetrockneten Blütenknospen des Gewürznelkenbaums, die bei der Aromatisierung von Gin Verwendung finden. Ursprünglich ist der Nelkenbaum auf den Gewürzinseln Indonesiens heimisch, kommt mittlerweile aber auch in Brasilien, Indien, Jamaika, Malaysia und Tansania vor. Der süße, holzig-würzige Geschmack der Nelken geht vornehmlich auf die hohe Konzentration von Eugenol zurück. Dieses ätherische Öl hat medizinische und betäubende Eigenschaften, so gilt zum Beispiel das Kauen von Gewürznelken als altes Hausmittel gegen Zahnschmerzen. Bei der Gin-Destillation lassen sich Nelken gut mit anderen Gewürzen kombinieren und sorgen dann für eine komplexe Gewürznote. Wie beim Kochen sollten Gewürznelken jedoch auch hier sparsam dosiert werden, denn sie können die Balance der Botanicals leicht zum Kippen bringen. Zu den Gins mit Gewürznelken als Botanical zählen Bathtub Gin und Pickering's Gin.

Gewürznote | GESCHMACKSPROFIL

SIEHE AUCH: Botanicals | Gin & Tonic | Geschmacksprofile | Negroni | Nelken | Muskat | Paradieskörner | Rosa Pfeffer | Zimt | Zimtkassie

Eines der Geschmacksprofile, in die Gins eingeteilt werden. Das würzige Profil oder die Gewürznote kann weiter unterteilt werden in die Kategorien süß-würzig und pikant-würzig. Zum süß-würzigen Profil zählen Botanicals wie Muskat, Zimt, Zimtkassie und Nelken; das pikant-würzige erzielt man durch Botanicals wie Kümmel, Pfeffer und Paradieskörner. Würzige Gins werden oft wegen ihrer Komplexität und wegen des milden, runden Mundgefühls gelobt. Außerdem führen sie gern neue Geschmacksnoten ein, die der Gin-Trinker nicht unbedingt erwartet. Sie machen sich außerdem gut in Heißgetränken und geschmacksintensiven Cocktails wie dem Negroni und eignen sich besonders für einen herbstlichen Gin & Tonic. Beispiele für süß-würzige Gins sind Portobello Road, Knickerbocker und Edinburgh Gin. Beispiele für pikant-würzige Gins sind Darnley's View Spiced und Audemus Pink Peppercorn Gin. Zu den würzigen Gins mit süßer und pikanter Note zählen Opihr und Bombay Sapphire East.

Gilbey's | MARKE

SIEHE AUCH: Alkoholgehalt | Gin House

Ein echter Klassiker der britischen Gin-Tradition und zugleich eine Marke, die bis heute vor allem in einigen ehemaligen Commonwealth-Ländern beliebt ist. Die Firma wurde 1872 von den Brüdern Walter und Alfred Gilbey gegründet. Durch ihren dritten Bruder, Henry Gilbey, der Teilhaber eines Weinhandels war, wurden sie in das Geschäft eingeführt. Der Gin wurde in der Gilbey's Distillery in Camden Town, London, gebrannt. Mit der Zeit erweiterte Gilbey's seine Angebotspalette und kaufte mehrere Scotch-Destillerien und Croft's Port hinzu. Weil das Geschäft mit dem Gin vor dem Zweiten Weltkrieg so gut lief, eröffneten die Brüder auch Zweigstellen in Australien und Kanada. Seine ganze lange Geschichte hindurch wurde Gilbey's Gin immer in den Stärken 37,5 und 47,4 Vol.-% abgefüllt. Außerdem gab es den sogenannten Gilbey's Antique Gin, der, nach einer alten Rezeptur hergestellt, mit einem Alkoholgehalt von 43 Vol.-% in die Flasche kam. Die Marke gehört mittlerweile zu Diageo, Gilbey's wird aber in Langzeitlizenz von Beam Suntory produziert und verkauft.

Gimlet | COCKTAIL

SIEHE AUCH: Eis | Gläser | Plymouth Gin | Shaken / Shaking

Ein geschüttelter Drink, der zu gleichen Teilen aus Gin und Limettensirup besteht. Letzterer wird gelegentlich durch eine Mischung aus frischem

Limettensaft und Zuckersirup ersetzt. Traditionell werden für den Cocktail Plymouth Gin und Rose's Cordial verwendet. Der Drink hat eine gewisse Nähe zur Seefahrt und ist vermutlich nach einem Werkzeug benannt, mit dem man Löcher in Fässer bohrt; andere Quellen behaupten, er habe seinen Namen von dem ehemaligen Schiffsarzt Sir Thomas Gimlette. Limettensaft hat man den Seeleuten zur Vorbeugung gegen Skorbut verabreicht, und in Form von Sirup ließ er sich für lange Seereisen haltbar machen. Die erste schriftliche Erwähnung des Gimlet findet sich in den *Portsmouth Evening News* von Mai 1927. Der Artikel berichtet über einen Kapitänleutnant der Royal Navy, der wegen Trunkenheit am Steuer verhaftet wurde. Er gab an, »sechs oder sieben Gimlets« getrunken zu haben. Auf die Frage, was das sei, antwortete er: »Gin, Limettensaft und Wasser.«

Rezept für Gimlet:
50 ml trockener Gin (idealerweise Plymouth Dry Gin)
20 ml Limettensirup

Man gibt die Zutaten in einen mit Eis gefüllten Shaker, schüttelt gut durch und gießt den Drink durch ein Barsieb in ein Cocktailglas.

Gin Act von 1729 | GESCHICHTE

SIEHE AUCH: Ausgangsdestillat | Common Gin | Gin Act von 1736 | Gin Act von 1751 | Gin House | Gin Lane

Als Gin Acts bezeichnet man eine Serie von Gesetzen, die während des 18. Jahrhunderts in Großbritannien erlassen wurden, um dem übermäßigen Gin-Konsum und seinen gesellschaftlichen, strafrechtlichen und gesundheitlichen Folgen Einhalt zu gebieten. Der erste Versuch dazu stammt aus dem Jahr 1729 und verpflichtete die Händler zum Erwerb einer jährlichen Lizenz und einer Abgabe von 5 Shilling auf jede Gallone verkauften Gin. Diese zusätzlichen Auflagen sollten unter anderem den Export einheimischer Spirituosen fördern. Doch reiche Landbesitzer, deren Überproduktion an Getreide häufig in den Brennereien zu einem Ausgangsdestillat für Gin verarbeitet wurde, fürchteten Gewinneinbußen. Da sich das Gesetz nur auf Gin bezog, der laut Definition aus »Wacholderbeeren oder anderen Früchten, Gewürzen oder Zutaten« hergestellt wurde, konnte man es umgehen, indem man einfach die Botanicals wegließ. Der so entstandene Rohalkohol wurde auch als »Parlamentary Brandy« bezeichnet.

Gin Act von 1736 | GESCHICHTE

SIEHE AUCH: Common Gin | Gin Act von 1729 | Gin Act von 1751 | Gin Lane

Nach dem Scheitern des Gin Act von 1729 wurde ein weiteres Gesetz zur Eindämmung des Gin-Konsums auf den Weg gebracht. Wie der Act von 1729 sah das neue Gesetz (auch bekannt als Spirits Duties Act of 1735) jährliche Lizenzgebühren und eine Verbrauchssteuer auf Gin vor. Die kostspielige Lizenz trieb den Handel mit Gin in den Untergrund, sodass kaum noch welche beantragt wurden. Außerdem ließ sich das Gesetz nur schwer durchsetzen, die Gin-Produktion nahm sogar noch zu.

1743 wurde der Gin Act aufgehoben. In einer Gesetzesnovelle desselben Jahres wurde die Verbrauchssteuer auf Gin gesenkt; die Lizenz belief sich jetzt nur noch auf 1 £, eine Reduzierung um 98 Prozent.

Gin Act von 1751 | GESCHICHTE

SIEHE AUCH: Gin Act von 1729 | Gin Act von 1736 | Gin House | Gin Lane

Dieses vom Parlament verabschiedete Gesetz (auch bekannt als Sales of Spirits Act 1750) wurde im Vereinigten Königreich erlassen, nachdem ein parlamentarisches Gremium die wachsende Kriminalität mit dem gestiegenen Gin-Konsum in Verbindung brachte. Im Gegensatz zu seinen Vorläufern zielte dieses Gesetz auf die Gin-Hersteller statt auf die Vertreiber. Es verbot Brennereien den Verkauf von Gin an nichtlizenzierte Händler. Die Lizenzgebühr wurde auf 2 £ angehoben und konnte nur von Personen beantragt werden, die Grundsteuer oder Miete bezahlten. Das bedeutete das Aus für viele kleine Gin-Läden und Händler und stärkte das Geschäft größerer, etablierter Anbieter. Und diesmal zeitigte das Gesetz tatsächlich Wirkung. 1751 lag der Gin-Konsum im Vereinigten Königreich noch bei 38,6 Millionen Liter, ein Jahr später war er bereits auf 26,8 Millionen Liter gesunken und 1760 waren es nur noch 9,5 Millionen Liter.

Gin & Cola | COCKTAIL

SIEHE AUCH: Bush Gin | Contemporary Gin | Eis | Fruit Gin | Garnituren | Geschmacksprofile | Gin Tonica | Gläser | Gordon's | Klassischer / wacholderbetonter Gin | Uganda Waragi | Zitrusnote

Ein Drink, bei dem Gin und Cola in ähnlicher Weise gemischt werden wie bei Gin & Tonic. Das Mixgetränk ist bislang nur in den USA und Europa verbreitet, aber seine weltweite Popularität wächst. Für eine Mischung mit Cola wird besonders gern die Marke Uganda Waragi aus Afrika genommen; Cola ist dort ein Luxusprodukt, es in einem Cocktail mit Gin zu trinken, gilt als Statussymbol. In der übrigen Welt hat der Trend zu modernen Gins mit robusteren, weniger wacholderbetonten Geschmacksprofilen dazu geführt, dass viel mit unterschiedlichen Aromen experimentiert wird. Solche Gins passen gut zu den Kräuter- und Gewürznoten von Cola; dies gilt besonders für Bush Gins und solche mit starker Zitrusnote. Auch Fruit Gins mit Erdbeer-, Ananas- und Kirscharoma lassen sich gut mit Cola mischen. Das Ergebnis ist ein ansprechender Drink, der vor allem Novizen dazu animiert, die Geschmackswelten des Gin zu erkunden. Auch wenn Gin & Cola eher modern anmutet, gab es bereits 1927 Hinweise auf diese Kombination. In *Here's How!* von Judge Jr. findet sich der Southern Exposure, ein Mix, der zu gleichen Teilen aus Gordon's Gin und Cola besteht und auf zerstoßenem Eis serviert wird.

Rezept für Gin & Cola:
50 ml Gin
150 ml Cola
1 Spritzer Orangenbitter
Zitrusfrüchte als Garnitur

Man fülle ein hohes Glas (oder Gin-Tonica-Glas) mit Eis, gebe die Zutaten hinein und garniere mit einem Potpourri aus Zitrusfrüchten.

Gin & Tonic | COCKTAIL

SIEHE AUCH: Chinin | Chininhaltiger Gin | Eis | Gin Tonica | Gläser | Tonic Water

Die erste schriftliche Erwähnung von Gin & Tonic findet sich in einer Ausgabe des *The Oriental Sporting Magazine* von 1868. Dort berichtet der Autor von einem Pferderennen in Sialkot, das heute Teil der Provinz Punjab in Pakistan ist, damals aber zu Britisch-Indien gehörte. Ursprünglich nahm man Gin & Tonic vorwiegend aus medizinischen Gründen zu sich. Das Chinin im Tonic Water schützte vor Malaria, während der Gin die Verdauung fördern sollte. Die beigefügten Zitrusfrüchte halfen gegen Skorbut. Die frühen Gin & Tonics dürften eine eher trübe Mischung aus pulverisierter Chinarinde, Zucker als Süßstoff, Limettensaft und Gin gewesen sein, die mit stillem oder sprudelndem Wasser aufgefüllt wurden. Als es möglich wurde, das Chininsulfat (Chinin in kristalliner Form) aus der Rinde zu extrahieren, konnte man die sogenannten »Chininkörner« kistenweise in die Außenposten des British Empire verschiffen. Von da an brauchte man nur noch ein Körnchen in einer Flasche Soda aufzulösen, und fertig war das Tonic. Ende des 19. Jahrhunderts brachten heimkehrende Offiziere und Beamte das Getränk mit nach England; in den Vereinigten Staaten hingegen blieb es bis in die 1930er Jahre eher unbedeutend. Dies änderte sich, als Schweppes in den 1950ern der Metropolitan Bottling Company eine Konzession zur Herstellung erteilte, unterstützt von einer großen Werbekampagne. Damals war Tonic Water in den USA noch unter der Bezeichnung Chininwasser bekannt. Die gesamte zweite Hälfte des 20. Jahrhunderts über blieb Gin & Tonic ein beliebtes Getränk. In jüngster Zeit haben Innovationen bei der Art des Servierens, beim Tonic Water und beim Gin selbst den Drink verjüngt und bereichert; insbesondere der spanische Servierstil des Gin Tonica erlaubt mehr Kreativität und Anpassung an Kundenwünsche.

Rezept für Gin & Tonic:
50 ml trockener Gin
150 ml gekühltes Tonic Water
Zitronen- und Limettenscheiben als Garnitur

Man füllt einen Tumbler oder ein Highball-Glas mit Eis, gibt den Gin hinzu und füllt mit Tonic Water auf. Garniert wird mit Zitrone und Limette.

Gin Guild | GESCHICHTE

SIEHE AUCH: Worshipful Company of Distillers

Die Gin Guild wurde 2013 als Berufsverband gegründet und unterhält enge Beziehungen mit der Worshipful Company of Distillers. Das erklärte Ziel der Organisation ist es, »vorzügliche Leistungen bei der Destillation und Vermarktung von Gin zu würdigen«. Zu ihren Mitgliedern zählen Brennmeister, Fabrikanten, Barkeeper, Schriftsteller und Journalisten aus der ganzen Welt. Die Gin-Gilde ist zugleich eine Informationsbörse rund um den Gin und veranstaltet alljährlich eine eintägige Konferenz, das sogenannte Ginposium. Außerdem werden ganzjährig Vorträge und Verkostungen angeboten.

Gin House | GESCHICHTE

SIEHE AUCH: Booth's | Burrough's | Gilbey's | Gin Act von 1729 | Gin-Paläste | Gordon's | Greenall's | Tanqueray

Der Begriff »Gin House« bezieht sich auf eine Reihe etablierter Marken und Destillerien, die im 18. und 19. Jahrhundert gegründet wurden. Sie sorgten dafür, dass der Gin nach den Jahren des sogenannten »Gin Craze« (auch Gin-Hysterie) wieder salonfähig wurde. Die meisten Gin Houses hatten ihren Sitz in London und waren nach ihren Gründern benannt. Viele der großen Namen blicken auf eine lange Geschichte zurück und existieren auf die eine oder andere Weise bis heute. Dazu zählen: Booth's (etwa 1740 von John Booth in London gegründet), Burnett's (1770 von Sir Robert Burnett in London gegründet), Burrough's (1862 von James Burrough in Chelsea, London, gegründet), Gilbey's (1872 von Walter und Alfred Gilbey in Camden Town, London, gegründet), Gordon's (1769 von Alexander Gordon in London gegründet), Greenall's (1761 von Thomas Dakin in Warrington gegründet, erworben 1870 von G&J Greenall – heute G&J Distillers) und Tanqueray (1830 von Charles Tanqueray in Bloomsbury, London, gegründet).

Gin Lane | GESCHICHTE

SIEHE AUCH: Common Gin | Gin Act von 1729 | Gin Act von 1736 | Gin Act von 1751

Teil eines kontrastierenden Paars von Druckgrafiken (das Gegenstück ist *Beer Street*), die der Künstler William Hogarth (1697-1764) 1751 angefertigt hat. *Gin Lane* zeigt die Übel des Gin, während *Beer Street* die Vorzüge des Bierkonsums illustriert. Die in *Gin Lane* dargestellte Szene spielt entweder im Sprengel von St. Giles oder St. James in London und zeigt Beispiele für Raub, Betrügerei und Trunkenheit als Folge von übermäßigem Gin-Genuss. Sowohl Menschen wie auch Gebäude befinden sich in einem Zustand der Verwahrlosung und des Zerfalls, allein die Pfandleihe floriert. Im Gegensatz dazu sind die Gebäude in der *Beer Street* bestens in Schuss, bis auf die baufällige Pfandleihe. Die Menschen dort wirken glücklich, zivilisiert und zufrieden. Die Drucke dienten als visuelle Unterstützung im Kampf gegen die verheerenden Auswirkungen des Gin-Konsums. Während der ersten Hälfte des 18. Jahrhunderts drängten Vertreter der Mittel- und Oberschicht die Regierung, doch endlich einzuschreiten, was schließlich durch eine Serie von Parlamentsbeschlüssen geschah, die als Gin Acts bekannt sind.

Gin-Liköre | SORTE

SIEHE AUCH: Alkoholgehalt | Crème de Geniève | Fruit Gin | Sloe Gin

Spirituosen auf der Basis von Gin, die aber nach der Destillation aromatisiert und gesüßt werden. Als Likör kann – zumindest innerhalb der EU – nur ein Produkt gelten, das mindestens 100 g Zucker pro Liter enthält. Die meisten typischen Gin-Liköre ähneln den Fruit Gins, bei denen vor dem Süßen Früchte oder andere Zutaten in den Gin eingelegt werden. Der Alkohol nimmt dabei Aromen, Geschmack und oft auch die Farbe der Früchte an. Beliebte Geschmacksrichtungen sind Rhabarber, Orange, Schlehe, Kriechen- oder Haferpflaume und Wacholder. Gin-Liköre haben in der Regel einen geringeren Alkoholgehalt als Gin. In der EU müssen sie mindestens 15 Vol.-% haben, gegenüber einem Minimum von 37,5 Vol.-% bei Gin. Der Alkoholgehalt der meisten Gin-Liköre liegt zwischen 20 und 30 Vol.-%. Obwohl es in den letzten Jahren einen Trend zu sogenannten »full strength«-Gin-Likören gibt, die mit 40 Vol.-% in die Flasche kommen. Viele Fruit Gins können also auch als Gin-Liköre gelten.

Gin-Paläste | GESCHICHTE

SIEHE AUCH: Common Gin | Gin House | Gin Lane

Die Gin Shops aus der Zeit der Gin-Hysterie um die Mitte des 18. Jahrhunderts waren kleine, zwielichtige Kaschemmen ohne Lizenz. Ihre skrupellosen Betreiber verdünnten den Gin nicht selten mit Wasser oder Schlimmerem, zum Beispiel Vitriolöl (Schwefelsäure), damit er seinen Kick behielt. Im Gegensatz zu diesen schäbigen Spelunken präsentierten sich die Gin-Paläste derselben Periode als Orte der Ausgelassenheit und des Lichts. Sie entstanden, weil die Destillationsverfahren im Zuge der industriellen Revolution immer professioneller wurden und viele Brenner in seriöse Schankwirtschaften investierten, die auch Laufkundschaft und die aufsteigende Mittelklasse ansprachen. Ein weiterer Fortschritt war die Gasbeleuchtung, die die Gin-Paläste zu Oasen des Lichts machten. Eine der detailliertesten Schilderungen findet sich in den 1830 erschienenen *Sketches by Boz* von Charles Dickens. Er berichtet von verglasten Fenstern, vergoldeten Gasleuchten und Schmuckspiegeln. Die Gin-Paläste boten Trinkern also eine helle, freundliche und – vor allem im Winter wichtig – warme Umgebung, etwas, worüber die Mehrzahl zu Hause nicht verfügte.

Gin Tonica | COCKTAIL

SIEHE AUCH: Eis | Garnituren | Gin & Tonic | Gläser | Tonic Water

Die spanische Art, Gin & Tonic zu servieren. Inzwischen ist Gin Tonica wegen seiner Popularität allerdings zu einem eigenständigen Drink geworden. Er wird in einem großen, bauchigen Stilglas serviert; es kann auch ein großes Burgunderglas sein. Man füllt es mit viel Eis, bevor man eine großzügig bemessene Portion Gin, gefolgt von Tonic darübergießt. Charakteristisch für den Gin Tonica sind seine farbenfrohen, aromatischen und originellen Garnituren, die meist auf die jeweilige Paarung von Gin und Tonic abgestimmt sind. Die große Menge Eis hält den Drink in den heißen spanischen Sommern schön kühl, und das Stielglas verhindert, dass die Hand des Trinkers ihn erwärmt.

Ginebra San Miguel | SORTE

SIEHE AUCH: Alkoholgehalt | Botanicals | Compound Gin | Limette (Persische) | Wacholder (gemeiner) | Zitrone

Der meistverkaufte Gin der Welt, der in den Philippinen hergestellt und auch fast ausschließlich dort getrunken wird; nur ein sehr geringer Teil der Produktion steht für den Export zur Verfügung. Das Unternehmen gehört zu der in Manila ansässigen San Miguel Corporation. Ginebra San Miguel bietet derzeit drei verschiedene Gin-Produkte an: das originale rote Label, ein Gin, der mit einem Alkoholgehalt von 40 Vol.-% in die Flasche kommt und mit Wacholder und anderen Essenzen aromatisiert ist; eine »Premium«-Variante mit 35 Vol.-%, die neben Wacholder und anderen Botanicals vor allem Zitrone und Limette enthält; und den GSM Blue, der als »Zuckerrohrschnaps gemischt mit Wacholderessenz und anderen Botanicals« beschrieben wird und einen Alkoholgehalt von 32,5 Vol.-% aufweist. Genau genommen kann in der EU und in den Vereinigten Staaten nur der Red Label als Gin gelten. Alle diese Produkte werden als Compound Gin hergestellt, also mit kalt zugesetzten Essenzen und Geschmacksstoffen ohne destillierte Botanicals. Sowohl der Red Label als auch der Premium schmecken wie sehr leichte Gins und werden gern von den Konsumenten selbst noch veredelt; beliebt ist zum Beispiel das Einlegen von Chilischoten oder anderen Kräutern und Gewürzen in die Flasche.

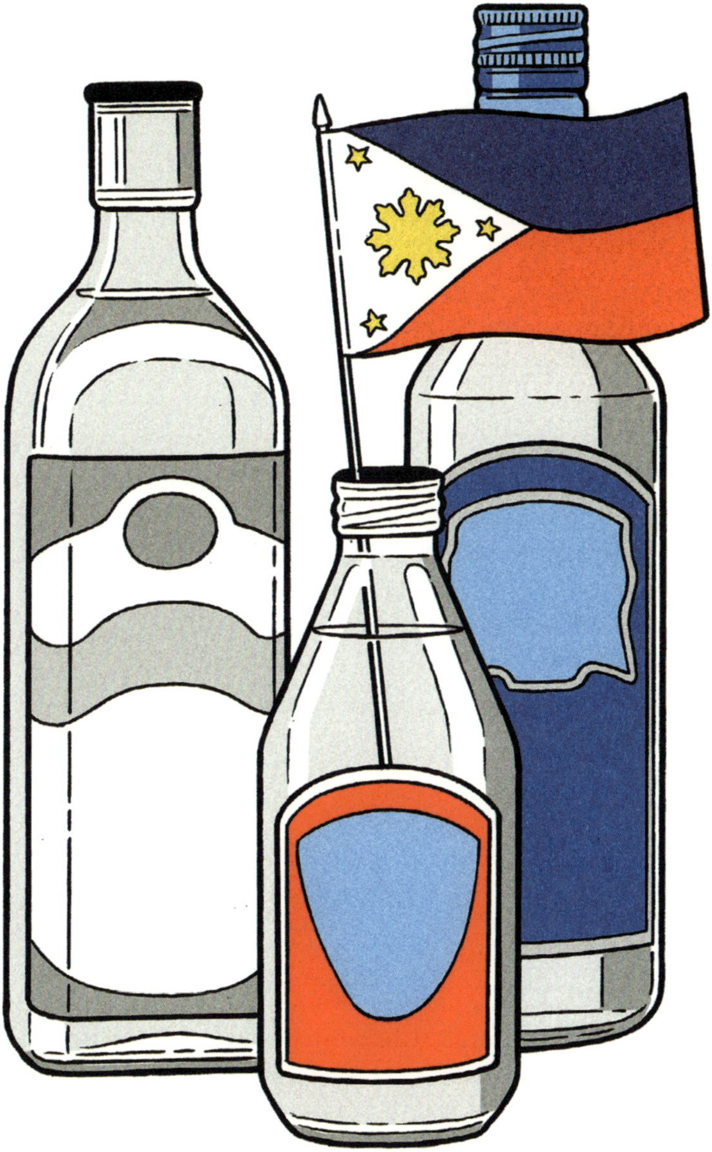

Gingerale | COCKTAIL-ZUTAT

SIEHE AUCH: Gordon's | Ingwer

Ein kohlensäurehaltiges, süßes Erfrischungsgetränk mit Ingwergeschmack. Im Gegensatz zu Ingwerbier wird Gingerale nicht durch die Fermentation von Ingwer mit Hefe und Zucker gewonnen, sondern lediglich mit dem Gewürz aromatisiert. Gingerale ist normalerweise klar und von goldener Farbe, wohingegen Ingwerbier infolge des Fermentationsprozesses meist trüb ist. Neben Ingwer werden gelegentlich auch andere Geschmacksstoffe verwendet, zum Beispiel Gewürze oder Früchte wie Zitrone oder Limette. Es gibt zwei Arten von Gingerale: Belfast-Style ist eine stärkere, süßere Variante mit intensivem Ingwergeschmack, die ins Nordirland des 19. Jahrhunderts zurückreicht; das trockene Gingerale ist eine leichtere Variante, die dem Chemiker, Apotheker und Gründer von Canada Dry, John J. McLaughlin zugeschrieben wird. 1907 ließ er sich das Rezept für Canada Dry Ginger Ale patentieren. Andere Marken sind Schweppes, Seagram's und Fever-Tree. Zu den populären Mixgetränken mit Gin und Ingwer zählen der Gin Buck (Gin und Gingerale, meist garniert mit Zitrone) und The Padlock (gleiche Teile von Gordon's Gin und Gingerale).

Ginniver | SORTE

SIEHE AUCH: Alkoholgehalt | Ausgangsdestillat | Botanical-Rezeptur | Botanicals | Charge | Contemporary Gin | Genever | Hybrid-Gin | London Gin | Pot-Still-Destillation

Ginniver könnte man als Hybrid-Gin bezeichnen, als solcher ist er zwischen Genever und trockenem Gin einzuordnen. Er besitzt den malzigen Charakter eines holländischen Genevers, aber auch die botanische Komplexität und Trockenheit eines modernen Gin. Ginnivers werden meist von Destillerien hergestellt, die auch Whiskey brennen. Das ist vor allem in den Vereinigten Staaten üblich, wo man nichtgealterten Whiskey

– auch »weißer Hund« genannt – als Ausgangsdestillat für Gin verwendet. Die Botanical-Rezepturen sind mit nur fünf bis sechs Zutaten vergleichsweise simpel, weil das Ausgangsdestillat ja schon einiges an Charakter mitbringt und geradezu als eigenständiges Botanical gelten kann. Weil der »weiße Hund« als Ausgangsdestillat für Gin im Pot-Still-Verfahren gewonnen wurde, ist es unwahrscheinlich, dass er bis zu einem Alkoholgehalt von 96 Vol.-% destilliert ist, deshalb darf er in der EU nicht als Gin verkauft werden. Einige Destillateure lösen das Problem, indem sie eine kleine Menge neutralen Getreidebrand (auch Neutral- oder Ethylalkohol) zugeben, bei dem die Charge der Brennblase auf 96 Vol.-% gebrannt wurde, um so den EU-Verordnungen zu entsprechen. Beispiele für Ginnivers oder ähnliche Produkte sind FEW American Gin und Copperworks.

Gläser | MIXOLOGIE

SIEHE AUCH: Aviation | Eis | Gin & Tonic | Gin Tonica | Martini | Negroni

Sammelbegriff für alle Arten von Gläsern, die mit dem Gin-Genuss in Verbindung stehen. Das beginnt beim Probier- oder Verkostungsglas, einem kleinen, wenig gebauchten, tulpenförmigen Glas, das an der Lippe am engsten ist. Auf diese Weise werden die Aromen der Botanicals gebündelt. Probiergläser sind mit oder ohne Stiel erhältlich. Beliebte Marken sind Glencairn und Bugatti. Das Martini-Glas, manchmal auch generell als Cocktailglas bezeichnet, ist ein Stielglas mit trichterförmiger Schale. Der Stiel vermeidet die Erwärmung des Getränks durch die Hand des Trinkers. Man benutzt es für Martini, Aviation, Sweet Martini und White Lady.

Der Tumbler ist ein kurzes Becherglas, das sich gut in die Hand schmiegt und oft einen schweren Boden hat. Man serviert darin Cocktails wie Negroni oder Bramble, auch für Gin & Tonic wird er gern benutzt. Der Hiball oder Highball ist ein hohes Glas für Longdrinks mit viel Eis. Dazu gehören Collins, Singapore Sling, Long Island Iced Tea und in manchen Fällen auch Gin & Tonic. Das Stapeln der Eiswürfel im Glas bewirkt, dass

sie, zumindest anfangs, langsamer schmelzen. Für den Gin Tonica verwendet man ein hohes Stielglas mit weiter Schale, die 600 ml Flüssigkeit aufnehmen kann. Es muss ein solches Volumen haben, damit der Gin Tonica die nötige Menge Eis bekommt.

Gordon's | MARKE

SIEHE AUCH: Alkoholgehalt | Botanical-Rezeptur | Botanicals | Engelwurz | Fruit Gin | Gin House | Koriandersamen | London Gin | Old Tom Gin | Süßholzwurzel | Tanqueray | Vesper | Wacholder (gemeiner)

Einer der bedeutendsten Gin-Hersteller Englands, der seit dem 18. Jahrhundert im Geschäft ist. Diese Marke steht für einen klassischen London Dry Gin, der in verschiedenen Stärken erhältlich ist. In Großbritannien wird er in den markanten grünen Flaschen vertrieben, während er für den Export in klare Flaschen abgefüllt wird. Zu seinen Botanicals zählen Wacholder, Koriandersamen, Engelwurz und Süßholzwurzel. Gordon's stellt auch einen Sloe Gin und eine Reihe von aromatisierten Gins her. Nicht länger auf dem Markt sind der Old Tom Gin, der Orangen- bzw. Zitronen-Gin und eine Anzahl von fertig gemixten Cocktails in shakerförmigen Flaschen. Die Firma wurde 1769 von dem aus Schottland stammenden Alexander Gordon in Southwark gegründet. Die Destillerie zog 1786 nach Clerkenwell, London, blieb bis 1847 in Familienbesitz und wurde dann von Charles Gordon an John Currie & Co. verkauft, einen Hersteller von Neutralalkohol, der unter anderen auch Tanqueray belieferte. 1898 fusionierten Gordon's und Tanqueray und wurden so zum landesweit größten Gin-Produzenten. 1922 übernahm The Distillers Company Ltd., die später ihrerseits von Guinness & Co. geschluckt wurde, um zu United Distillers zu werden, die heute Teil von Diageo sind. 1934 eröffnete Gordon's seine erste Destillerie in den Vereinigten Staaten, Filialen in Kanada, Südamerika und Jamaika folgten. 1998 wurde der Standort der britischen Gin-Produktion nach Schottland in die Cameronbridge Distillery verlegt. Heute wird Gordon's London Dry Gin in Lizenzdestillerien rund um den Globus hergestellt und vertrieben.

Grapefruit | *CITRUS X PARADISI* | BOTANICAL

SIEHE AUCH: Limonen | Linalool | Orange | Pinen | Pomelo | Zitrusnote

Ein natürlich vorkommender Zitrushybrid, eine Kreuzung zwischen Orange (*Citrus sinensis*) und Pomelo (*Citrus maxima*), der als Botanical in Gin verwendet wird. Die Ursprünge dieser Frucht liegen im 17. Jahrhundert auf der Karibikinsel Barbados. Sie erhielt den Spitznamen »verbotene Frucht« und wurde 1823 im amerikanischen Bundesstaat Florida eingeführt; die weite Reise in den Norden nach New York und Philadelphia trat sie 1885 an. In den USA entstanden eine Reihe von eingekreuzten und hybriden Grapefruit-Züchtungen, darunter 1906 die besonders beliebte Pink Grapefruit, gefolgt von der Sorte Ruby Red, die 1929 in Texas patentiert wurde. Die Grapefruit verfügt über eine vordergründige, würzige Süße, begleitet von einer tieferen, anhaltenden Bitternote.
Zu den geschmacksbestimmenden ätherischen Ölen der Grapefruit zählen alpha-Pinen, Sabinen, Myrcen, Limonen, Linalool und Zitronellal. Bei der Gin-Herstellung werden sowohl die Schalen der hellen wie der rosa Grapefruit verwendet. Helle Grapefruitschalen sorgen für würzige Trockenheit, rosa Grapefruitschalen bringen eine vollmundigere Würzigkeit und die typisch bittersüße Floralität ein. Zu den Gins mit Grapefruit als Botanical zählen Beefeater Crown Jewel, East London Liquor Company Batch 1 Gin und Sacred Pink Grapefruit Gin.

Greenall's | MARKE

SIEHE AUCH: Alkoholgehalt | Bombay Spirits Company | Botanical-Rezeptur | Engelwurz | Fruit Gin | Gin House | Koriandersamen | London Gin | Mandel | Sloe Gin | Vertragsdestillerien | Wacholder (gemeiner) | Zimtkassie | Zitrone | Zitrusnote

Eine britische Gin-Marke, deren Geschichte in Warrington, Grafschaft Cheshire, beginnt. Dort wurde ein London Dry Gin mit einem Alkoholgehalt von 37,5 Vol.-% hergestellt; das Rezept stammt aus dem Jahr 1761 und geht auf Thomas Dakin zurück. Zu den Botanicals zählen Wacholder, Engelwurz und gemahlene Bittermandeln. Der heutige Besitzer, die Firma G&J Distillers, kaufte Greenall's 1870 auf und erweiterte im frühen 20. Jahrhundert die Produktion. Heute zählt sie zu den bedeutendsten Vertragsdestillerien und brennt die Hausmarken einiger Supermarktketten. Bis 2014 produzierte sie auch für The Bombay Spirits Company. Neben ihrem Flaggschiff stellt Greenall's unter eigenem Namen auch einen Sloe Gin, Greenall's Wild Berry (aromatisiert mit Brombeeren und Himbeeren) her, und Greenall's Extra Reserve (mit einem zitruslastigeren Profil, das Orange und Grapefruit als Botanicals enthält). Greenall's besitzt und produziert auch die Premium-Marken Bloom, Berkeley Square, Opihr und Thomas Dakin.

Grüne Minze | *MENTHA SPICATA* | BOTANICAL

SIEHE AUCH: Botanical-Rezeptur | Botanicals | Limonen | Minze | Pfefferminze | Pinen

Die Grüne Minze, auch Krause Minze, hat ihre Heimat in Europa und Asien, wächst inzwischen aber auf der ganzen Welt, einschließlich Amerika, Nord- und Westafrika und Teilen Ozeaniens. Wegen der spitz zulaufenden Blätter hat sie auch den Namen Speer-Minze. Die Blätter werden als Garnitur für einige beliebte Cocktails verwendet, so etwa den Bourbon-basierten Mint Julep und den Rum-basierten Mojito. Im Gegensatz zur Pfefferminze verfügt die Grüne Minze nicht über große Anteile an Menthol oder Menthon, dafür enthält sie alpha-Pinen, beta-Pinen, Carvon, Limonen und Eucalyptol (1,8-Cineol). Zu den Gins mit Grüner Minze als Botanical zählen The Botanist und der aus den USA stammende Cardinal.

Gurke | *CUCUMIS SATIVUS* | BOTANICAL

SIEHE AUCH: Botanicals | Dampfdestillation | Fruit Cups | Hendrick's | Martin Miller's | Pot-Still-Destillation | Vakuumdestillation

Ein Mitglied der Kürbisfamilie mit langen, grünen, dünnhäutigen Früchten, die ein süßes Fleisch haben. Gurken kommen in vielen Getränken vor, von erfrischendem, mit Gurke aromatisiertem Wasser, über Limonaden mit Gurkengeschmack bis zur Garnitur von Fruit Cups wie zum Beispiel dem Pimm's. Bei Gins wie Hendrick's und Martin Miller's ist die Gurke als wichtiges Botanical nicht mehr wegzudenken und wird nach der Destillation als Essenz zugesetzt. Die Destillation der Gurke ist heikel, da ihr Fleisch wärmeempfindlich ist. Bei Überhitzung kann die frische Süße ins Bittere und Salzige umschlagen. Aus diesem Grund destillieren manche Brennmeister die Gurke mittels schonender Vakuum- oder Dampfdestillation, wobei die Temperaturen niedriger sind als beim Pot-Still-Verfahren. Andere lassen den Gin über Siebe mit Gurkenschale laufen, um ihm eine frische Geschmacksnote hinzuzufügen. Beim Farallon Gin of California wird das Wasser, das später für das Proofing verwendet wird, über Gurkenschale gefiltert.

H

Hendrick's | MARKE

SIEHE AUCH: Alkoholgehalt | Botanical-Rezeptur | Botanicals | Carter-Head-Brennblase | Chininhaltiger Gin | Contemporary Gin | Engelwurz | Garnituren | Gurke | Holunder | Iriswurzel | Kamille | Koriandersamen | Kubebenpfeffer | Kümmel | London Gin | Orange | Pot-Still-Destillation | Rose | Wacholder (gemeiner) | Wermut | Zitrone

Eine der neuen In-Marken, die seit 1999 vom Whisky-Produzenten William Grant & Sons in Schottland hergestellt wird. Der Gin wird in einer attraktiven Apothekerflasche aus dunkelbraunem Glas angeboten und erhält sein charakteristisches Geschmacksprofil, weil er nach der Destillation mit den Essenzen von Rose und Gurke aromatisiert wird. Er kann daher nicht als London Dry Gin gelten. Zu den Botanicals des Basis-Gin zählen Wacholder, Koriander, Engelwurz, Iriswurzel, Zitronen- und Orangenschale, Kubeben-Pfeffer, Kümmelsamen, Holunderblüten, Kamille und Schafgarbe. Die traditionellen Botanicals werden im Pot-Still-Verfahren destilliert, zartere Aromen werden anschließend in einer Carter-Head-Brennblase durch Dampfinfusion destilliert. Die Marke ist landesspezifisch in unterschiedlichen Alkoholgehalten erhältlich: 41,4 Vol.-% in Großbritannien und 44 Vol.-% in Europa und den Vereinigten Staaten. 2017 entwickelte Hendrick's zusätzlich den Hendrick's Orbium, einen chininhaltigen Gin mit den Extrakten von Wermut und Blauem Lotos.

Hernö | MARKE

SIEHE AUCH: Aged Gin | Alkoholgehalt | Botanicals | Fruit Gin | Koriandersamen | London Gin | Mädesüß | Navy Strength Gin | Old Tom Gin | Schwarzer Pfeffer | Sipping Gin | Sloe Gin | Terroir | Vanille | Wacholder (andere Arten) | Wacholder (gemeiner) | Zimtkassie | Zitrone

Destillerie und preisgekrönter Gin-Hersteller im Dorf Dala unweit der Stadt Härnösand in Ångermanland, Schweden. Die Destillerie wurde 2011 von Jon Hillgren gegründet. Das erste Hernö-Destillat, ein London Dry Gin mit Wacholder, Koriandersamen, Zitronenschale, Preiselbeeren, Mädesüß, schwarzem Pfeffer, Zimtkassie und frischer Vanille als Botanicals, kam am 1. Dezember 2012 auf den Markt. Seit seiner Gründung wurde Hernö in internationalen Wettbewerben mit einer Reihe von Auszeichnungen bedacht, darunter 2015 die Contemporary Gin Trophy und die Gin & Tonic Trophy; 2016 wurde die Firma von der International Wine and Spirit Competition (IWSC) zum Gin-Hersteller des Jahres gekürt und erhielt zahlreiche Goldmedaillen, einmal sogar Doppel-Gold bei der San Francisco World Spirits Competition. Weitere Produkte aus dem Hernö-Angebot sind ein Navy Strength Gin mit 57 Vol.-%, ein Old Tom Gin, der High Coast Terroir Gin und der Hernö Juniper Cask, ein in Wacholderholzfässern gealterter Gin.

Holland-Gin | SORTE

SIEHE AUCH: Ausgangsdestillat | Botanicals | Genever | Ginniver | Old Tom Gin | Wacholder (gemeiner)

Der Holland-Gin, vor allem um die Mitte des 19. Jahrhunderts beliebt, ist eine der drei Gin-Sorten, die im 1862 erschienenen *The Bar-Tender's Guide or How to Mix Drinks* von Jerry Thomas erwähnt werden. Die beiden anderen sind der Dry Gin und der Old Tom Gin. Holland-Gin ist eng mit dem niederländischen Genever verwandt, gilt aber als eigenständige Sorte. Wie der Genever enthält der Holland-Gin eine gewisse Menge an

Malzwein als Ausgangsdestillat, das auch für Dry Gins verwendet wird. Im Gegensatz zum Dry Gin und zum Genever ist die Zahl der Botanicals, mit denen ein Holland-Gin aromatisiert wird, traditionsgemäß begrenzt und beschränkt sich oft auf Wacholder und ein oder zwei weitere Aromageber, einer davon ist häufig Hopfen. Nach dem Zweiten Weltkrieg ging der Trend zu trockeneren Drinks, und die süßen, malzigen Noten des Old Tom und Holland-Gin kamen aus der Mode. Seit der Getränkehistoriker David Wondrich 2013 zusammen mit der New York Distilling of Brooklyn einen New-Netherland Gin entwickelte, erlebt der Holland-Gin eine Renaissance. Es handelt sich um einen Holland-Gin auf der Basis von Rye Whiskey mit Wacholder und der Hopfensorte Cluster Hops als Botanicals. 2017 brachten Golden Moon und That Boutique-y Gin Company den Frontier Gin nach einem Rezept für Holland-Gin aus dem 18. Jahrhundert auf den Markt.

Holunder | *SAMBUCUS NIGRA* | BOTANICAL

SIEHE AUCH: Botanical-Rezeptur | Botanicals | Hendrick's | Signature Botanical Gin

Der Holunderstrauch (*Sambucus nigra*) hat weiße Blüten und schwarze Beeren, ist in fast ganz Europa verbreitet und wird auch schwarzer oder europäischer Holunder genannt. Die Beeren haben einen marmeladig herben, leicht gerbigen Geschmack, während die duftigen Blüten einen süßlichen, floralen Geschmack mit leicht strohiger Note haben. Sowohl Beeren wie Blüten sind beliebte Aromageber für Speisen und Getränke. Bei der Gin-Destillation kommen Blüten und Beeren zum Einsatz; die Beeren steuern eine stumpfe, marmeladige Note bei, während die Blüten für leichte, zitronige Floralität sorgen. Zu den Gins mit Holunderblüten als Botanical zählen ShortCross und Hendrick's; zu denen mit Holunderbeeren ShortCross und Conker Gin.

Honig | BOTANICAL

SIEHE AUCH: Ausgangsdestillat | Botanicals | Old Tom Gin | Terroir

Manchmal wird bei der Destillation von Gin Honig eingesetzt, um das Mundgefühl des Getränks zu verbessern. Er sorgt für eine leicht florale, manchmal auch holzige Süße. Honig nimmt die charakteristischen Aromen der Blüten, aus denen Pollen gesammelt werden, in sich auf; Beispiele dafür sind Waldhonig oder Orangenblütenhonig. Diese wiederum sind eine wertvolle Ergänzung für die Geschmacksnote des Gin, da die gleichen Pflanzen auch als Botanicals eingesetzt werden. Da Honig selbst in städtischer Umgebung erzeugt werden kann, ist er eine naheliegende Wahl für Destillerien, die ihrem Gin Terroir, also geschmackliche Standortfaktoren, mitgeben wollen. Dazu zählen Dodd's Gin, dem Londoner Honig zugesetzt wird, und Queen's Courage Old Tom Gin mit Honig aus New York. Honig kann überdies zu Met oder Honigwein fermentiert werden, der wiederum als Ausgangsdestillat bei der Gin-Herstellung dienen kann, so etwa beim aus New York stammenden Comb 9. Bei manchen Gins wird der Honig erst nach der Destillation zugesetzt, um den Geschmack zu verfeinern, wie zum Beispiel beim Barr Hill Gin. Er wird außerdem zum Süßen von Old Tom Gins verwendet.

Hybrid-Gin | SORTE

SIEHE AUCH: Alkoholgehalt | Ausgangsdestillat | Botanicals | Engelwurz

Darunter versteht man Gin, der mit anderen Spirituosen gemischt wird. Dahinter steht in der Regel der Wunsch der Destillerie, dem Gin einen hauseigenen Brand beizumischen, um ihm eine besondere Geschmacksnote zu verleihen, doch sind dabei gewisse Regeln zu beachten. In der Europäischen Union muss das Ausgangsdestillat für Gin einen Mindestalkoholgehalt von 96 Vol.-% haben. Wenn die Brennerei dies aus Mangel an geeigneten Vorrichtungen nicht leisten kann oder das Basismaterial seinen Eigengeschmack durch eine Destillation auf 96 Vol.-% einbüßen

würde, so darf dieser Eigenbrand nicht verwendet und das Endprodukt innerhalb der EU nicht als Gin bezeichnet werden. Außerdem wäre die Eigenproduktion von Ausgangsdestillat für die gesamte Gin-Produktion zu kostspielig. Ein Beispiel für Hybrid-Gin ist Jinzu, der aus neutralem Getreidebrand hergestellt wird und folgende Botanicals enthält: Wacholder, Koriander, Engelwurz, Yuzu und Kirschblüten. Nach der Destillation wird gebrannter Sake zugegeben. Ein weiteres Beispiel ist Ginabelle, ein spanischer Gin, dem nach der Destillation Mirabellenbrand zugesetzt wird. Diesen Brand als Ausgangsdestillat zu benutzen wäre nicht nur teuer, sondern würde den Geschmack des Gin auch zu sehr dominieren.

I

Ingwer | *ZINGIBER OFFICINALE* | BOTANICAL

SIEHE AUCH: Botanical-Rezeptur | Botanicals | Galgant | Gingerale | Gordon's | Ingwerwein | Kardamom

Gehört zu den *Zingiberaceae* oder Ingwer-Gewächsen und wird zusammen mit Galgant und Kardamom als Botanical bei der Gin-Herstellung verwendet. Über die ursprüngliche Heimat des Ingwers ist man sich uneins, aber viele Botaniker vermuten sie in Indien. Der Ingwer ist eine Blühpflanze, für Köche und Destillateure ist jedoch vor allem die Wurzel von Interesse. Was man gemeinhin als Wurzel bezeichnet, ist eigentlich ein Rhizom, das in frischer, getrockneter, pulverisierter oder eingelegter Form angeboten wird. Dank der chemischen Verbindung Gingerol verfügt der Ingwer über eine würzige Schärfe; Gingerol ist mit Capsiacin und Piperin verwandt, die dem schwarzen Pfeffer und den Chilis ihre Schärfe verleihen. Manchmal wird Gerichten oder Produkten mit Ingwergeschmack (besonders Ingwerbier) Capsaicin zur Intensivierung der Schärfe zugesetzt, da es billiger ist als Ingwer. Bei Getränken wie Ingwerwein, Ingwerbier und Gingerale ist Ingwer die charakteristische Geschmackskomponente. Bei der Gin-Herstellung sorgt er als Botanical für würzige Noten und eine leicht süßliche, angenehme Wärme, wobei sein Geschmack und seine Schärfe durch die Destillation sehr viel subtiler rüberkommen als beim Zusetzen in frischer oder pulverisierter Form. Beispiele für Gins mit Ingwer als Botanical sind Campfire Gin, Gordon's Distiller's Cut und Opihr Gin.

Ingwerwein | COCKTAIL-ZUTAT

SIEHE AUCH: Alkoholgehalt | Finsbury Gin | Fruit Cups | Ingwer

Ingwerwein ist ein gespriteter Wein (mit Weinbrand versetzt) aus fermentierten Ingwerwurzeln und Rosinen. Erstmals erwähnt wird er 1740 als ein Produkt der Finsbury Distilling Company. Einer der Hauptabnehmer war der Lebensmittelhändler Joseph Stone aus High Holborn, London, der die Brennerei bat, einem Ingwerwein seinen Namen zu geben. Die Marke besteht noch heute, und das Getränk hat einen Alkoholgehalt von 13,5 Vol.-%. Eine süßere, stärkere »Special Reserve« kommt mit 18 Vol.-% in die Flasche. Ingwerwein wird manchmal pur auf Eis getrunken, ist aber auch eine gängige Zutat für Fruit Cups und andere Cocktails wie etwa den Cushing Cocktail (zwei Teile Gin, ein Teil Ingwerwein mit Eis geschüttelt).

Iriswurzel | *IRIS ›FLORENTINA‹* | BOTANICAL

SIEHE AUCH: Botanicals | Fixative | Martin Miller's

Gemeinhin eine Sammelbezeichnung für getrocknete und pulverisierte Wurzeln von *Iris germanica*, *Iris pallida* und *Iris florentina*, alles Blühpflanzen aus der Familie der *Iridaceae*. Für die Gin-Herstellung ist jedoch vor allem die Iris ›Florentina‹ oder Florentiner Schwertlinie von Interesse. Der Rohstoff hierzu stammt meist aus Südfrankreich, Norditalien und Marokko, obwohl die Blume im gesamten Mittelmeerraum wächst. Als Botanical wird die Iriswurzel vergleichsweise selten eingesetzt und verleiht dem Gin eine markant erdige Süße mit Anklängen an Veilchen und Himbeeren. Geschätzt wird sie vor allem als Fixativ, das heißt, sie bindet die flüchtigen Anteile, schließt sie zu einem Gesamtaroma auf und gibt diesem Bestand und Dauer. Viele Gins enthalten Iriswurzel, eine der wenigen Marken, deren Geschmack nachhaltig von ihr geprägt wird, ist der Martin Miller's.

K

Kamille | *CHAMAEMELUM NOBILE* | BOTANICAL

SIEHE AUCH: Botanical-Rezeptur | Botanicals | Pinen | Tanqueray

Eine dem Gänseblümchen ähnliche Blüte, die als Botanical in der Gin-Herstellung verwendet wird, gemeinhin auch bekannt als römische oder englische Kamille. Der Name stammt von dem griechischen Wort für »Erdapfel«, was auf den leichten Apfelduft der Blüte zurückzuführen ist. Kamillenblüten werden meist getrocknet verwendet, entweder als ganze Blüten oder grob gemahlen. Ihre Aromen lösen sich sowohl in Wasser wie in Alkohol. Zu den Bestandteilen des ätherischen Öls der Kamille zählen alpha-Pinen, beta-Pinen, Camphen, Myrcen und Sabinen. Kamille hat ein weiches, süßliches, heuartiges Aroma mit einem Hauch von rotem Apfel und einer leichten Vanillenote. Dem Gin verleiht sie ein raffiniert florales Aromenprofil und bildet ein Gegengewicht zu den herberen Zitrusnoten. Beispiele für mit Kamille aromatisierte Gins sind Bloom und Tanqueray No. Ten.

Kardamom | *ELETTARIA CARDAMOMUM, AMOMUM SUBULATUM* | BOTANICAL

SIEHE AUCH: Botanical-Rezeptur | Botanicals | Ingwer | Navy Strength Gin | Plymouth Gin

Es gibt zwei Hauptarten von Kardamom, den grünen (*Elettaria cardamomum*) und den schwarzen (*Amomum sublatum*). Der grüne Kardamom, auch bekannt als echter Kardamom, gehört zur Familie der Ingwergewächse. Er ist in Südindien und Sri Lanka heimisch, wächst inzwischen aber auch in anderen tropischen Regionen. Die Kapselfrüchte sind grünlich und von papierartiger Konsistenz. Sie selbst enthalten kaum Aromen, wohl aber die Samen, die in Duft und Geschmack eine florale Ingwernote und andere würzige Komponenten aufweisen. Beim Destillieren kann man die ätherischen Öle extrahieren, indem man die ganzen Kapseln in die Brennblase gibt; manche Destillateure brechen sie allerdings zuvor etwas auf. Grüner Kardamom verleiht dem Geschmacksprofil eine ausgeprägte Würzigkeit zusammen mit einer leichten Süße und Anklängen an Zimtkassie und Ingwer. Weil er dominant ist und andere Aromen überdeckt, muss er sparsam eingesetzt werden. Grüner Kardamom ist nach Safran und Vanille das drittteuerste Gewürz. Beispiele für Gins mit Kardamom sind Sacred Cardamom Gin, Plymouth Gin und Bathtub Navy Strength Gin. Der schwarze Kardamom ist ein entfernter Verwandter des grünen Kardamoms. Seine Kapselfrüchte werden über offener Flamme getrocknet, wodurch sie ein leichtes Raucharoma bekommen. Wenn er als Botanical für Gin destilliert wird, gibt er dem Getränk einen aromatischen, ölig-würzigen Geschmack und sorgt für eine tiefgründige Menthol-Pfeffer-Note. Zu den Gins mit schwarzem Kardamom zählen Dodd's Gin und Bombay Amber.

Klassischer Gin | SORTE

SIEHE AUCH: Ausgangsdestillat | Botanicals | Contemporary Gin | Gordon's | Klassischer / wacholderbetonter Gin | London Gin | Tanqueray | Transatlantic Gin

Eine Gin-Sorte der traditionellen, wacholderbetonten Art, die sich auf die Dry Gins britischer Hersteller aus der zweiten Hälfte des 19. und dem 20. Jahrhundert beruft. Typische Beispiele sind Tanqueray, Gordon's oder Beefeater. Die Bezeichnung wurde im 21. Jahrhundert als Stilrichtung geprägt, um sich gegen neuere, zeitgenössische Gin-Sorten abzugrenzen. Ein weiteres Charakteristikum des klassischen Gin ist der Einsatz eines neutralen Ausgangsdestillats, das keine eigene Geschmacksnote mitbringt, sondern als leere Leinwand dient, auf der sich die Botanicals entfalten können.

Klassischer / wacholderbetonter Gin | GESCHMACKSPROFIL

SIEHE AUCH: Florale Note | Geschmacksprofile | Gewürznote | Kräuternote | London Gin | Tanqueray | Wacholder (gemeiner) | Wacholder (andere Arten) | Zitrusnote

Natürlich müssen alle Gins Wacholder enthalten, und bei London Dry Gin und destillierten Gins ist er die Hauptgeschmacksnote. Trotzdem heben manche Marken die Präsenz dieser Zutat mit ihren Kiefern- und Zedernaromen besonders hervor. Beim Mixen werden solche Gins als Alleskönner geschätzt. Beispiele dafür sind Tanqueray, Hayman's London Dry, Palmers 44 und Crossbill.

Korianderkraut | *CORIANDRUM SATIVUM* | BOTANICAL

SIEHE AUCH: Botanical-Rezeptur | Botanicals | Koriandersamen

Korianderkraut, im angloamerikanischen Sprachraum auch unter seinem spanischen Namen Cilantro bekannt, nennt man die grünen Stängel und Blätter der Korianderpflanze. Es wird üblicherweise als Botanical in der Gin-Herstellung verwendet, ist aber auch in der Küche weit verbreitet, etwa in Indien, wo es in Currys und anderen Gerichten vorkommt, ebenso in der Karibik und in Lateinamerika. Dem Gin verleiht es eine blättrige Zitrusnote. Es muss allerdings sparsam eingesetzt werden, sonst bekommt der Gin eine unangenehm seifige Bitterkeit. Ein Beispiel für einen mit Korianderkraut aromatisierten Gin ist der St. George Spirits' Botanivore.

Koriandersamen | *CORIANDRUM SATIVUM* | BOTANICAL

SIEHE AUCH: Botanical-Rezeptur | Botanical | Fixative | Korianderkraut

Zweitwichtigstes und häufig eingesetztes Botanical bei der Gin-Herstellung. In vielen Rezepten aus dem 18. Jahrhundert sind sogar gleiche Mengen von Wacholder und Koriander angegeben. Koriandersamen sind klein und rund und variieren farblich zwischen Gelb und Braun. Sie haben einen zitronigen, würzigen, manchmal auch floralen Anklang, der dem Gin Körper und Intensität verleiht. Koriander ist ursprünglich in Südeuropa und Nordafrika beheimatet, die Ursprungsregion des Botanicals hat jedoch großen Einfluss auf das geschmackliche Ergebnis. So besitzt beispielsweise Koriander aus Marokko dezente, floral-würzige Geschmacksnoten; Samenkörner aus Russland sind ölhaltiger und haben eine Zitrusanmutung; indischer Koriander ist leichter, mit zitronig-würziger Note, während der kanadische für seinen floralen Charakter bekannt ist. Aber Koriander ist nicht nur ein Aromageber, er hat auch eine fixierende Wirkung, das heißt, dass er Geschmack und Aromen der anderen Botanicals im Alkohol bindet. Koriandersamen sind Hauptbestandteil des Likörs Parfait Amour und kommen auch in Aquavit und Bénédictine vor.

Kräuternote | GESCHMACKSPROFIL

SIEHE AUCH: Alpen-Gin | Botanicals | Geschmacksprofile | Gewürznote | Gin & Tonic | Martini | Minze | Negroni | Rosmarin | Salbei

Gins mit Kräuternote versammeln viele grasig-krautige Aromen in ihrem Geschmacksprofil. Das liegt am Einsatz frischer oder getrockneter Kräuter als Botanicals; typische Beispiele dafür sind Rosmarin, Basilikum, Minze und Salbei. Solche Gins schmecken gern etwas harzig, mit Anklängen an Kiefer, Fichte oder Zeder, haben eine besondere Intensität und sind besonders in den Alpenländern und Mitteleuropa beliebt. Ähnlich wie Gins mit Gewürznote eignen sich auch solche mit Kräuternote besonders gut für den geschmacksstarken Negroni, ebenso für Aperitifs wie Martini oder Gin & Tonic. Als Beispiele sind die Marken Boodles, St. George Terroir, Berkeley Square und Gin Mare zu nennen.

Kümmel | *CARUM CARVI* | BOTANICAL

SIEHE AUCH: Botanical-Rezeptur | Botanicals | Hendrick's | Limonen

Kümmel gehört zur Familie der Doldenblütler oder Karottengewächse (*Apiaceae*), seine Samen sind eines der ältesten Gewürze. Obwohl der Volksmund von Samen spricht, handelt es sich genau genommen um die sichelförmige, getrocknete Spaltfrucht der Pflanze. Sie ist in Südeuropa heimisch und wird seit über 2000 Jahren als Würz- und Heilmittel verwendet. Kümmel hat einen leicht bitteren, nussigen Geschmack, der auch über eine gewisse Schärfe und einen Hauch von aromatischer Süße verfügt. Hauptbestandteil des aus den Samen gewonnenen ätherischen Öls ist Carvon; auch Limonen ist darin enthalten. Bei Gin wird Kümmel nur sparsam benutzt, er gibt ihm eine blättrig-würzige Komplexität sowie einen Hauch von Süße und sorgt für einen vollmundigen Abgang. Zu den Gins mit Kümmel als Botanical zählen St. George Botanivore und die St. George Dry Rye Gins aus Kalifornien, ebenso Hendrick's Gin und Aviation.

Kubebenpfeffer | *PIPER CUBEBA* | BOTANICAL

SIEHE AUCH: Bombay Spirits Company | Botanical-Rezeptur | Botanicals | Paradieskörner | Schwarzer Pfeffer

Diese Pfefferart, auch bekannt als Stielpfeffer oder Java-Pfeffer, ist ursprünglich in Indonesien beheimatet und wird gelegentlich als Botanical in der Gin-Herstellung eingesetzt. Die Beeren trocknet man normalerweise für etwa vier Stunden in einer Darre. Danach ähneln sie optisch den Körnern des schwarzen Pfeffers, haben aber einen kleinen Schwanz oder Stiel. Kubeben sind in Europa seit dem 4. vorchristlichen Jahrhundert als Gewürz nachgewiesen. Im Destillationsprozess wird Kubebenpfeffer oft in Verbindung mit Paradieskörnern eingesetzt; beide gehören zu den Botanicals in den Rezepturen von Bombay Sapphire und Bombay Sapphire East. Kubebenpfeffer sorgt für eine fruchtige und zugleich florale Pfefferschärfe und einen lang anhaltenden Mentholgeschmack, der sich besonders im Abgang zeigt.

L

Lavendel | *LAVANDULA ANGUSTIFOLIA* | BOTANICAL

SIEHE AUCH: Botanicals | Floral | Geschmacksprofile | Signature Botanical Gin

Lavendel ist eine Blühpflanze und gehört wie auch Minze und Basilikum zur Familie der Lippenblütler (*Lamiaceae*). Die verbreitetste Varietät ist der Englische oder auch Echte Lavendel (*Lavandula angustifolia*), der trotz seines Namens in Mittelmeerländern wie Spanien, Frankreich und Italien beheimatet ist. Seine Blüten werden getrocknet und in der Kräutermedizin und als Tee verwendet. Er findet sich in zahlreichen Getränken und Speisen, wie Kuchen, Keksen und Desserts, aber auch in Limonaden. Bei der Destillation von Gin wird Lavendel wegen seines intensiven Geschmacks und hohen Ölgehalts nur in geringen Mengen eingesetzt. Er verleiht dem Gin eine florale Note mit einem Touch Kiefernharz, was – bei ausgewogener Dosierung – eine geschmackliche Bereicherung darstellt. Manchmal wird der Lavendel nicht mitgebrannt, sondern dem Destillat anschließend mittels Infusion beigegeben oder als prägendes Botanical (Signature Botanical) einer Marke eingesetzt. Zu den Gins mit Lavendel als Botanical zählen Campfire Gin, East London Liquor Company Premium Gin Batch No. 2 und FEW American Gin.

Lillet | COCKTAIL-ZUTAT

SIEHE AUCH: Bitterorange | Botanicals | Chinin | Mazeration | Orange | Trockener Wermut | Vesper | Wermut | Wermutkraut

Ein Aperitif aus Likörwein, der in Bordeaux hergestellt wird. Er wurde 1872 von Raymond und Paul Lillet kreiert. Lillet Blanc (ursprünglich als

Kina Lillet bekannt) wird hergestellt, indem man Botanicals in Alkohol einlegt, darunter Orangen, Bitterorangen aus Haiti und Chinarinde aus Südamerika. Nach der Infusion wird eine Mischung aus verschiedenen Weinen zugegeben. Anschließend lagert der nunmehr gespritete Wein einige Monate in Eichenfässern und wird dadurch milder im Geschmack.

Limette (Echte) | *CITRUS X AURANTIFOLIA* | BOTANICAL

SIEHE AUCH: Botanical-Rezeptur | Botanicals | Gin Rickey | Limette (Persische) | Makrut-Limette | Rangpur-Limette

Die Echte Limette, auch Saure oder Mexikanische Limette genannt, gehört zur Gattung der Zitruspflanzen und findet als Gin-Botanical Verwendung. Die Frucht ist kleiner und runder als die Persische Limette, ihre Schale ist dünner und aromatischer, die Frucht selbst säurehaltiger. Die Pflanze stammt aus Südostasien, wo sie als natürliche Hybride zwischen Biasong (*Citrus micrantha*) und der Zitronatzitrone (*Citrus medica*) vorkommt. Die Frucht gelangte über den Nahen Osten in den Mittelmeerraum, bevor sie zum Anbau auch in die Karibik und nach Amerika exportiert wurde. Heute wird sie vor allem in den USA (Kalifornien, Florida und Texas), in Mexiko und in Mittel- und Südamerika kultiviert. Im Vergleich zur Persischen Limette erzielt man mit der Schale als Gin-Botanical einen intensiven, trockenen Geschmack mit geringerer floraler Qualität. Sie sollte daher nur sparsam zum Einsatz kommen. Dafür wird sie gern für Drinks wie Mojito, Daiquiri und Rickey benutzt und ist wesentlicher Bestandteil eines Key Lime Pie. Als Beispiel für einen Gin mit Echter Limette als Botanical ist der Chilgrove Dry Gin zu nennen.

Limette (Persische) | *CITRUS X LATIFOLIA* | BOTANICAL

SIEHE AUCH: Botanicals | Garnituren | Echte Limette | Makrut-Limette | Rangpur-Limette | Zitrone

Die Limette ist eine grüne Zitrusfrucht, die normalerweise kleiner und herber ist als die Zitrone und ebenfalls als Gin-Botanical genutzt werden kann. Die Persische Limette (*Citrus x latifolia*), auch bekannt als Tahiti-Limette, ist eine Kreuzung zwischen der Echten Limette und der Zitrone. Sie ist die meistverkaufte Limettensorte. Ursprünglich soll sie in der Gegend des heutigen Iran angebaut worden sein, bevor sie in den Mittelmeerraum gelangte und im 18. Jahrhundert schließlich nach Brasilien. 1824 wurde sie in Australien eingeführt, später auch in Tahiti, Kalifornien und 1883 in Florida. Die Frucht ist süßer und größer als die Echte (Mexikanische) Limette und wird in der Regel für Speisen und Getränke verwendet. Zu den Gins mit Persischer Limette als Botanical zählen Tarquin's Gin, Gilpin's Westmorland Extra Dry Gin und Bass & Flinders' Soft & Smooth Gin.

Limonen | CHEMISCHE VERBINDUNG

SIEHE AUCH: Bitterorange | Grapefruit | Kardamom | Koriandersamen | Limette (Persische) | Minze | Orange | Wacholder (gemeiner) | Zitrone

Ein natürlich vorkommendes ätherisches Öl, das sich vor allem in der Schale von Zitrusfrüchten findet. Es gibt zwei Isomere: Das D-Limonen und das L-Limonen. Beide Formen sind nicht wasserlöslich, lassen sich aber mit Alkohol mischen. Das häufigere der beiden Isomere ist das D-Limonen, das ein starkes Orangenaroma hat. Es ist zwar möglich, es synthetisch herzustellen, aber da es häufig vorkommt und leicht zu gewinnen ist, greift man normalerweise auf den Naturstoff zurück. Er wird mittels einer Zentrifuge oder durch Dampfdestillation extrahiert. Lieferanten von D-Limonen sind: Zitronen, Limetten, Orangen, Mandarinen und Grapefruit. Es ist im Saft dieser Früchte enthalten, konzentriert sich

jedoch in den Schalen und kommt auch in Wacholder, Koriander und Kardamom vor.
L-Limonen findet sich in Nadelbäumen und riecht nach Terpentin. Wie das D-Limonen ist es ein natürliches Lösemittel und kommt häufig in giftfreien Reinigungsmitteln vor. Beide Isomere können zur natürlichen Insektenabwehr eingesetzt werden. Tannennadeln und -zapfen sowie Wacholderbeeren und Minze enthalten ebenfalls Limonen.

Linalool | CHEMISCHE VERBINDUNG

SIEHE AUCH: Botanicals | Koriandersamen | Lavendel | Minze | Rosmarin | Salbei | Zimt | Zimtkassie | Zitrone

Linalool ist eine natürlich vorkommende chemische Verbindung, die in mehr als zweihundert Pflanzenarten aus vielen Weltgegenden vorkommt. Es gibt zwei wichtige Isomere: das R-Linalool mit einer süßen, floralen Lavendelnote und frischem Zitruscharakter; das S-Linalool ist holziger und würziger mit einem Hauch von Hopfen. Beide Linaloole finden sich in Vertretern der Pflanzenfamilie *Lamiaceae*, zu denen Lavendel, Minze, Basilikum, Salbei und Rosmarin zählen, in den *Lauraceae* wie Zimt, Zimtkassie, Lorbeerblättern sowie in einer Reihe von Zitrusfrüchten, besonders Zitronen und Tangerinen. Es kommt natürlicherweise auch in Tee, Kaffee, Hopfen, Pfirsichen, Pflaumen und Ananas vor. Einer der Hauptlieferanten für R-Linalool bei der Gin-Herstellung sind Koriandersamen; die ätherischen Öle einiger hochwertiger Sorten bestehen zu 60 Prozent aus dieser Verbindung. Manche Gin-Experten führen den seifigen Geschmack mancher Gins auf die übermäßige Extraktion von Linalool aus Koriandersamen zurück.

London Cut | HERSTELLUNG

SIEHE AUCH: Alkoholgehalt | Botanical Cuts | London Gin

Eine Bezeichnung für London Gins, die in einem der 33 zum Gebiet Greater London gehörenden Bezirke, vertreten durch die London Assembly und den Mayor of London, gebrannt werden. In dem Begriff »London Gin« steckt zwar ebenfalls das Wort London, er kann aber insofern nicht als Herkunftsbezeichnung gelten, als damit auch Gins bezeichnet werden, die außerhalb Londons hergestellt sind. Unter »Cut« verstand man früher den Prozess des Mischens mit Wasser, um den Gin auf Trinkstärke zu bringen. Heute bezieht sich »Cut« auf die Botanical Cuts, die ein Brenner beim Destillationsvorgang produziert. London Cut soll also besagen, dass der Gin in London gebrannt wurde. Trotz mehrfacher Versuche der betreffenden Destillerien und Marken, London Cut klar und verbindlich zu definieren, bleibt der Begriff bislang eine freiwillige Etikettierung durch einzelne Hersteller. Beispiele dafür sind Knockeen Hills, Ancient Mariner und Beefeater 24.

London Gin | SORTE

SIEHE AUCH: Alkoholgehalt | Klassischer Gin | London Cut | Wacholder (gemeiner) | Transatlantic Gin

London Gin oder auch London Dry Gin ist eine rechtlich geschützte Sortenbezeichnung, die sich eher auf die Herstellungsmethode und weniger auf den Herstellungsort bezieht. Die diesbezüglichen Kriterien wurden in der EU-Verordnung 110/2008 festgelegt. London Gin muss mit Ethylalkohol aus landwirtschaftlicher Produktion hergestellt sein, sogenanntem Agraralkohol, der auf einen Mindestalkoholgehalt von 96 Vol.-% destilliert wurde, was im reinen Pot-Still-Verfahren nicht möglich ist. Das Gin-Destillat, das daraus durch Weiterdestillation gewonnen wird, muss mindestens 70 Vol.-% aufweisen. Der Gin muss zudem mit *Juniperus communis* aromatisiert sein und der Wacholdergeschmack sollte »vorherrschen«. Nach der Destillation dürfen nur noch Wasser oder Alkohol zugeführt werden, wobei der Alkoholgehalt des Endprodukts nicht unter 37,5 Vol.-% liegen darf. Inoffiziell wird der Ausdruck »London Gin« auch benutzt, um traditionelle Gin-Sorten zu bezeichnen.

Long Pedlar | COCKTAIL

Siehe: Bitter Lemon

Louche-Effekt | HERSTELLUNG

SIEHE AUCH: Alkoholgehalt | Botanicals | Filtrierung | Mazeration | Wacholder (gemeiner)

Als Louching oder Louche-Effekt bezeichnet man eine spontane Emulgation, wie sie bei manchen Spirituosen nach der Zugabe von Wasser auftritt; die Flüssigkeit wird dann undurchsichtig, milchig oder wolkig. Während es bei Absinth, Ouzo oder Pastis das Anisöl ist, das die Trübung hervorruft, sind beim Gin dafür meist Wacholder- oder Zitrusöle verantwortlich.

In der Gin-Welt wird immer wieder darüber diskutiert, ob der Louche-Effekt ein Manko darstellt, wobei renommierte, traditionsbewusste Destillateure einen eher kritischen Standpunkt einnehmen, während einige der Newcomer diesbezüglich offener sind. Wie die Konsumenten darüber denken, lässt sich kaum feststellen. Der Louche-Effekt kann durch eine Reihe von Verfahren vermieden werden: eisgekühltes Filtern des fertigen Gin (was allerdings zu Geschmacksbeeinträchtigungen führen kann); die Zugabe von Neutralalkohol nach der Destillation, was die Konzentration der ätherischen Öle reduziert; der Einsatz von weniger Botanicals oder eine verkürzte Mazerationsdauer.

M

Mädesüß | *FILIPENDULA ULMARIA* | BOTANICAL

SIEHE AUCH: Botanical-Rezeptur | Botanicals | Hendrick's

Mädesüß, auch bekannt als Wiesenkönigin, ist eine Blühpflanze aus der Familie der Rosengewächse (*Rosaceae*) und kann als Gin-Botanical verwendet werden. Sie ist in Europa und dem westlichen Asien heimisch, wurde aber auch nach Nordamerika gebracht, wo sie heute wild wächst. Bei der Gin-Herstellung kommt die Pflanze als Botanical vor, zum Beispiel in Hendrick's, The Botanist und Hernö. Allerdings musste Hendrick's 2010 Mädesüß in seiner Rezeptur durch Schafgarbe ersetzen, da es von der Liste der »allgemein als sicher anerkannten« Pflanzen der Food and Drug Administration of the United States genommen wurde.

Makrut-Limette | *CITRUS HYSTRIX* | BOTANICAL

SIEHE AUCH: Botanical-Rezeptur | Botanicals | Echte Limette | Gin & Tonic | Limette (Persische) | Rangpur-Limette

Die Makrut-Limette, auch Kaffernlimette oder Kaffir-Limette – ein heute nicht mehr politisch korrekter Ausdruck –, ist eine grüne Limette mit unebener, grobwarziger Oberfläche, die aus Südostasien stammt. Ihre aromatische Schale mit leichter Adstringens wird zwar zur Aromatisierung von Gin verwendet, häufiger jedoch kommen die Blätter der Pflanze zum Einsatz. Sie sind ebenfalls sehr aromareich mit einer leicht floralen Note, in der sowohl Zitrone als auch Limette anklingen. Zu den Gins mit diesem Botanical zählen Beefeater London Market, Berkeley Square, Ginraw und Wicked Wolf.

Mandel | *PRUNUS DULCIS VAR. DULCIS* | BOTANICAL

SIEHE AUCH: Bittermandel | Botanicals

Der Mandelbaum ist im Mittelmeerraum, im Nahen Osten, in Nordamerika und im nördlichen Indien beheimatet und bildet eine fleischige, pflaumenartige grüne Frucht aus. Diese enthält in einer Schale die tränenförmige Nuss, die man als Mandel bezeichnet. Der Hauptteil des Ertrags kommt heute aus Kalifornien, aber auch Spanien und Italien sind wichtige Anbaugebiete. Mandelbäume sind besonders durstig; um eine einzige Nuss reifen zu lassen, bedarf es etwa vier Liter Wasser. Bei der Destillation werden Mandeln als Botanicals eingesetzt, um dem Gin Trockenheit und Mundgefühl zu verleihen. Beefeater ist eines der bekanntesten Beispiele für einen mit Mandeln aromatisierten Gin.

Martin Miller's | MARKE

SIEHE AUCH: Aged Gin | Alkoholgehalt | Botanical-Rezeptur | Botanicals | Engelwurz | Gurke | Iriswurzel | Koriandersamen | Limette (Persische) | Muskat | Orange | Süßholzwurzel | Wacholder (gemeiner) | Zimtkassie | Zitrone

Eine Gin-Marke der Firma Westbourne Spirits Company, die 1999 von Martin Miller, David Bromige und Andreas Versteegh lanciert wurde. Die Idee für den Gin wurde 1998 geboren, als Miller beschloss, einen eigenen Gin zu kreieren, bei dem »Zeit und Geld keine Rolle spielen«. Der Gin wird in der Langley Distillery in Birmingham gebrannt und zu seinen Botanicals zählen Wacholder, Koriander, Engelwurz, Orange, Zitrone, Limette, Iriswurzel, Zimtkassie, Muskat und Süßholzwurzel. Das Gin-Destillat wird anschließend nach Island verschifft, wo es mit isländischem, teils mit Gurke aromatisiertem Quellwasser auf Trinkstärke gebracht wird. Die stärkere Variante, Westbourne Strength, mit einer leicht abgewandelten Botanical-Rezeptur kommt mit 45,2 Vol.-% in die Flasche. 2016 hat die Miller's-Linie mit dem 9 Moons einen gereiften Gin aufgelegt, der neun Monate lang in einem einzigen ehemaligen Bourbon-Fass zur Reife gelangt.

Martini | COCKTAIL

SIEHE AUCH: Dirty Martini | Garnituren | Gläser | Trockener Wermut

Eine eher schlichte Mischung aus Gin und Wermut und dennoch der wohl meistdiskutierte Cocktail. Der Name umfasst eine Reihe von Getränken, vom Sweet Martini (Gin und süßer Wermut) bis zum Perfect Martini (Gin und trockener Wermut zu gleichen Teilen), der verbreitetste aber ist der Dry Martini. Die Ursprünge des Martini lassen sich auf den Manhattan zurückführen, einen Cocktail, der in den 1860er und 1870er Jahren in New York erfunden wurde. 1884 tauchte eine Abwandlung, der sogenannte Martinez, in O. H. Byrons *The Modern Bartenders' Guide* auf. Er wird dort beschrieben als »dem Manhattan ähnlich, nur dass man den Gin durch Whisky ersetzt«. In dem Buch sind für den Manhattan #1 zwei Teile französischer (trockener) Wermut und ein Teil Whisky vorgeschrieben. Mit der Zeit wurde der Drink immer trockener, bis zu Beginn des 20. Jahrhunderts das erste Rezept für den Dry Martini veröffentlicht wurde. Gleichzeitig gewann die Wermutmarke Martini & Rossi immer mehr an Beliebtheit, was nahelegt, dass der Markenname auf den Cocktail übergegangen ist, dessen Zutat er war. Bereits um die Jahrhundertwende wurde in der Werbung für Martini & Rosso immer wieder darauf hingewiesen, dass der Martini-Wermut der richtige für den Martini-Cocktail sei. Der Trend zur Trockenheit hielt an, und 1940 war es nicht ungewöhnlich, dass man das Glas nur noch mit Martini ausspülte oder sich gen Frankreich verneigte; angeblich soll Winston Churchill seine Martinis auf diese Weise genossen haben.

Die meisten Martinis werden »straight up« getrunken, das heißt ohne Eis, doch in den 1950ern wurde der »Martini on the Rocks« immer beliebter, bei dem man die Zutaten zusammen mit Eis in einem Tumbler serviert. Diese Darreichungsform ist im 21. Jahrhundert eher unüblich, hat sich aber in einigen amerikanischen Kleinstädten des Mittleren Westens bis heute gehalten.

Mazeration | HERSTELLUNG

SIEHE AUCH: Alkoholgehalt | Botanical-Rezeptur | Botanicals | Compound Gin | Rektifikation

Darunter versteht man den Prozess des Einweichens eines Botanicals in Alkohol vor der Destillation. Während dieses Vorgangs zieht der Alkohol die ätherischen Öle aus den Botanicals, damit sie bei der Destillation besser aufgeschlossen werden können. Seine Dauer variiert beträchtlich, je nach Botanical-Rezeptur und Destillerie liegt der Zeitraum zwischen einer Stunde und 36 Stunden. Von der Dauer der Mazeration hängt der Grad der Extraktion ab, wobei darauf zu achten ist, dass zu langes Einweichen bestimmter Botanicals zu bitteren, unerwünschten Geschmacksnoten führen kann. Manche Botanicals zerfallen auch bei zu langer Mazeration.

Es gibt zwei Arten von Mazeration: die kalte Mazeration (Kaltauszug), bei der die Botanicals dem Alkohol bei Raumtemperatur zugegeben werden, und die heiße Mazeration (Heißauszug), auch Digestion genannt, wobei Alkohol und Botanicals vor der Destillation in einem dafür vorgesehenen Gefäß oder in der Brennblase vorsichtig auf 30 bis 40 °C erhitzt werden. Die Hitze befördert die Extraktion der ätherischen Öle. Ein weiterer entscheidender Faktor ist die Stärke des für die Mazeration verwendeten Alkohols. Sind die in den Botanicals enthaltenen Öle nur in Alkohol löslich, dann beschleunigt die Höhe des Alkoholgehalts die Extraktion. Bei wasserlöslichen Botanicals kann ein zu hoher Alkoholgehalt zum Auslaugen führen, was sich negativ auf den Geschmack des Endprodukts auswirkt. Der Prozess der Mazeration ist Teil der speziellen Rezeptur eines jeden Destillateurs und erfordert große Sorgfalt.

Minze | *MENTHA SP.* | BOTANICAL

SIEHE AUCH: Botanical-Rezeptur | Botanicals | Geschmacksprofile | Grüne Minze | Mazeration | Pfefferminze

Eine aromatische Pflanzengattung aus der Familie der Lippenblütler (*Lamiaceae*); einige ihrer Arten kommen als Gin-Botanical zum Einsatz. Neben der gemeinhin bekannten Pfefferminze und der Grünen Minze finden auch andere Arten wie die Apfelminze oder Rundblättrige Minze (*Mentha suaveolens*) und die Wasserminze (*Mentha aquatica*) Verwendung. Als Botanical sorgt Minze im Gin für eine aromatische Blättrigkeit und hinterlässt einen kühlenden Geschmack. Man muss sie allerdings sparsam dosieren, da sie das Geschmacksprofil sonst dominiert. Die frischen Blätter vertragen das Aufkochen während der Pot-Still-Destillation nicht und reagieren mit einem bitteren, gemüseartigen Geschmack. Es empfiehlt sich daher, die Minze vorher in Alkohol einzulegen und den gefilterten und aromatisierten Neutralalkohol anschließend zu brennen, damit die Blätter keinen hohen Temperaturen ausgesetzt sind. Zu den Gins mit Minze als Botanical zählen The Botanist und Dry Fly Gin.

Muskatnuss | *MYRISTICA FRAGRANS* | BOTANICAL

SIEHE AUCH: Botanical-Rezeptur | Botanicals

Die Samen des Muskatnussbaums, eines immergrünen, auf den Gewürzinseln im Pazifik (Molukken) heimischen Baumes, die bei der Gin-Herstellung als Botanical verwendet werden. Die Muskatnuss kommt entweder ganz oder in pulverisierter Form zum Einsatz; durch die vergrößerte Oberfläche des Pulvers können die Aromastoffe leichter extrahiert werden. Muskatnuss verleiht dem Gin eine süßliche Würzigkeit mit einem Stich ins Holzige. Der rundliche Samenkern wird von einem rotfleischigen, ölhaltigen Samenmantel (*Arillus*) umgeben, der auch Muskatblüte oder Macis genannt wird. Bereits im 8. Jahrhundert war die Muskatnuss eine begehrte Handelsware und teurer als ihr Gewicht in Gold. Das erste, von 1495 datierende Rezept für einen kräftigenden Wacholderbrand (Gin) war stark mit Muskatnuss aromatisiert. Im frühen 19. Jahrhundert brachten die Engländer, die kurzzeitig die Kontrolle über die Gewürzinseln innehatten, die Muskatbäume von dort nach Singapur und Ceylon, dem heutigen Sri Lanka. Muskatnuss ist auch in einer Reihe von Kräuterlikören wie Drambuie und Bénédictine enthalten und findet Verwendung als Garnitur für Eggnog oder Gin Alexander. Zu den Gins mit Muskatnuss als Botanical zählen Broker's Gin, Oxley Gin und G'vine Floraison.

Myrte | *SYZYGIUM, MYRICA, BACKHOUSIA SP.* | BOTANICAL

SIEHE AUCH: Anethol | Botanical-Rezeptur | Botanicals | Bush Gin | Süßholzwurzel

Die Myrtenartigen sind immergrüne Sträucher oder Bäume aus der Familie der Myrtengewächse (*Myrtaceae*) und gedeihen auf der ganzen Welt. Als Gin-Botanical steuern sie eine grasig-holzige Geschmacksnote mit dezent grüner Bitterkeit bei. Dazu kommen verschiedene Myrten-Arten in Frage: Die Anis-Myrte (*Syzigium anisatum*) ist ein Baum, der in den Regenwäldern der subtropischen Region New South Wales in Australien zu finden ist. Die Blätter haben einen starken Anisgeschmack, verursacht durch die organische Verbindung Anethol, die auch in Anis, Süßholzwurzel und Fenchel vorkommt. Als Gin-Botanical sorgt sie für einen süßlichen Lakritzgeschmack. Der Gagelstrauch (*Myrica gale*) ist ein niedriger Strauch, der moorigen Boden bevorzugt. Während des 11. Jahrhunderts, noch vor der Einführung des Hopfens, wurde er dem Bier zugesetzt, um ihm Bitterkeit zu verleihen. Die Zimtmyrte oder Backhousia (*Backhousia myrtifolia*) wächst ebenfalls in den Regenwäldern des subtropischen Australien. Die Blätter haben ein würziges, zimtähnliches Aroma. Sie werden auch gern in Gebäck und Desserts verwendet. Die Zitronenmyrte (*Backhousia citriodora*) ist auch in Australien heimisch, vor allem in New South Wales und dem südlichen Queensland. Sie hat kleine, gefiederte Blüten. Die Blätter werden Speisen und Getränken zugesetzt, sowohl in frischer wie in getrockneter Form. Dem Gin verleiht die Zitronenmyrte eine blättrige Zitrusnote, die an eine Kreuzung zwischen Zitrone und Limette erinnert.

N

Navy Strength Gin | SORTE

SIEHE AUCH: Alkoholgehalt | Botanical-Rezeptur | Botanicals | Burrough's | Plymouth Gin

Jeder Gin, der nach altenglischem Proof 57,15 Vol.-% enthält oder aus praktischen Gründen mit einem Alkoholgehalt zwischen 57 und 58 Vol.-% in die Flasche kommt, kann als Navy Strength Gin oder kurz Navy Gin bezeichnet werden. Der Alkoholgehalt ist das einzige Kriterium, das darüber entscheidet, ob ein Gin als Navy Strength gelten kann oder nicht. Um einen solchen herzustellen, füllen manche Destillateure ihren Flagship-Gin einfach mit höherem Alkoholgehalt ab, das heißt, sie geben nach dem Brennen weniger Wasser hinzu. Andere benutzen eine spezielle oder modifizierte Botanical-Rezeptur, um ein anderes Geschmacksprofil zu erzielen. Bei letzterem Szenario werden meist die Wacholder- und Zitrusnoten verstärkt und die erdigen, floralen Noten zurückgenommen. Navy Strength Gins sind nicht nur stärker, sie bieten auch eine höhere Konzentration an Botanicals und somit ein intensiveres Geschmackserlebnis. Der Navy Strength Gin nahm seinen Anfang in der Blackfriars Distillery in Plymouth, wo man in den 1850ern einen 100° Proof Gin für die Royal Navy brannte. 1855 produzierte die Destillerie bereits über tausend Fässer Navy Gin im Jahr. Zwischen 1863 und den 1950ern stellte die Burrough's Distillery in Deptford im Londoner Stadtteil Lewisham einen weiteren Navy Gin her, und zwar den speziell für Marineoffiziere vorgesehenen Senior Service.

Negroni | COCKTAIL

SIEHE AUCH: Campari | Eis | Roter Wermut

Ein leuchtend roter Aperitif-Cocktail, der zu gleichen Teilen aus Gin, rotem Wermut und Campari besteht. Die genauen Ursprünge des Drinks liegen im Dunkeln, es kursieren allerdings zwei Hauptversionen seiner Entstehungsgeschichte. In der einen wird als Ursprungsort ein Café in Florenz genannt, wo der Graf Camillo Negroni sich einst eine leichte Abwandlung des Americano – eine Mischung aus rotem Wermut, Campari und Soda – bestellt haben soll. Weil er seinen Drink stärker wünschte, ließ er das Sodawasser durch Gin ersetzen. Das Beispiel des eleganten Lebemanns machte bald Schule, und der Drink setzte sich bei den gesellschaftlichen Eliten auf der ganzen Welt durch. Eine andere Version der Geschichte datiert die Entstehung des Drinks auf 1891 und schreibt sie dem General Pascal Olivier Graf von Negroni zu. Er soll den Drink als Verdauungshilfe kreiert und in einem Officer's Club gemixt haben, wo er den Offizieren so gut schmeckte, dass er von dort bald seinen Siegeszug über die ganze Welt antrat. Eine beliebte Variante des Negroni ist der Boulevardier, bei dem der Gin durch Bourbon Whiskey ersetzt wird.

Rezept für Negroni:
25 ml trockener Gin
25 ml roter Wermut
25 ml Campari

Man fülle einen Tumbler mit Eis, füge die Zutaten hinzu und rühre gut durch. Am besten gibt man den Gin zuerst ins Glas, weil er sonst dazu neigt, trotz des Umrührens in der oberen Hälfte des Glases hängenzubleiben.

O

Old Tom (Ursprung des) | GESCHICHTE

SIEHE AUCH: Gin-Paläste | Old Tom Gin

Um den Ursprung des Begriffs rankt sich so manche Geschichte. Das 1823 erschienene *Slang Dictionary of the Turf* äußert die Vermutung, der Name sei eine Verballhornung von »old tun«, eine alte Maßeinheit für Gin vom Fass. Eine andere Geschichte findet sich in *Brewer's Phrase and Fable* von 1870, dort heißt es: »Thomas Norris, einer der Angestellten von Messrs Hodges' Distillery, eröffnete einen Gin-Palast in der Great Russell Street, Covent Garden, und benannte den von Thomas Chamberlain, einem seiner früheren Chefs bei Hodges', entwickelten Gin zu dessen Ehren Old Tom.« Alle Protagonisten dieser Geschichte lebten um die vermutliche Entstehungszeit des Old Tom, es ist jedoch nicht belegt, dass Norris tatsächlich für Chamberlain gearbeitet hat. Eine andere Entstehungsgeschichte berichtet von einer Katze, die in einen Bottich mit Gin gefallen war. Angeblich soll sie als Inspiration für das Logo der Gin-Firma Boord's gedient haben, das seit 1849 in Gebrauch war. So jedenfalls will es die Version der Klägerpartei im Fall Boord gegen Huddart von 1903. Dort wird auch erwähnt, dass man seinerzeit dafür verlacht wurde, eine Katze und ein Fass auf den Flaschenetiketten abzubilden. Das Buch *Life and Unusual Adventures of Captain Dudley Bradstreet* aus dem Jahr 1775 wird ebenfalls oft als Belegstelle für den Namen angegeben, dies wohl aber zu Unrecht, da die Begriffe »Old Tom Gin« oder »Tom Gin« dort gar nicht vorkommen.

Old Tom Gin | SORTE

SIEHE AUCH: Ausgangsdestillat | Botanicals | Old Tom Gin (Ursprung des) | Süßholzwurzel | Young Tom

Ein traditioneller, stark mit Botanicals aromatisierter, gesüßter Gin, der erstmals 1812 in einer Anzeige im *Northampton Mercury* erwähnt wurde. Er stammt aus der Zeit vor der kontinuierlichen Destillation, als das Ausgangsdestillat noch nicht so rein und sauber war wie heute. Die aromaintensiven Botanicals und der Zucker dienten dazu, den Fuselgeschmack zu überdecken. Einige Old Tom Gins nutzten die Süße der Botanicals, andere setzten Zucker ein. In einem Handbuch von 1802 ist von 35 englischen Pfund Zucker auf 130 Gallonen Gin die Rede, das entspricht in etwa einem Teelöffel auf 100 ml. Abgesehen von diesem Hinweis kommt der Begriff »Old Tom« in dem Handbuch nicht vor.

Bis zur Erfindung der kontinuierlichen Destillation erfreute sich der Old Tom Gin großer Beliebtheit. Wegen der verbesserten Qualität des Ausgangsdestillats war danach das Süßen des Gin eigentlich nicht mehr nötig. In den 1930er Jahren war Old Tom nicht mehr als ein gesüßter Gin, und er verschwand Ende der Sechziger fast völlig. Nur der Golden Cock Old Tom Gin aus Norwegen konnte sich halten, wurde aber kaum exportiert.

Erst 2007, im Zuge des Revivals klassischer Cocktails, legten einige Destillateure den Old Tom wieder auf. Den ersten Versuch startete die britische Destillery Hayman's mit dem gleichnamigen Gin, hergestellt von Nachfahren des Beefeater-Gründers James Burrough, gefolgt von Jensen's Old Tom Gin aus Amerika, der mit Botanicals gesüßt und im Fass gereift ist. Inzwischen sind weltweit über vierzig Old Tom Gins auf dem Markt, die vor allem als Zutat für Cocktails verwendet werden, darunter Martinez, Tuxedo und Tom Collins.

Orange | *CITRUS SINENSIS* | BOTANICAL

SIEHE AUCH: Bitterorange | Botanical-Rezeptur | Botanicals | Pomelo

Eine vermutlich aus Südchina stammende Kreuzung zwischen Pomelo (*Citrus maxima*) und Mandarine (*Citrus reticulata*) – im Gegensatz zur Bitterorange auch Süßorange oder Apfelsine genannt –, die als Botanical in vielen Gins vorkommt. Die in der Orangenschale enthaltenen ätherischen Öle können zu Orangenessenz extrahiert werden, die man zum Aromatisieren von Gebäck und Süßspeisen verwendet. Bei der Gin-Herstellung werden Orangenschalen entweder getrocknet oder frisch eingesetzt. Sie verleihen dem Destillat eine süßliche Zitrusnote von zarter Floralität und vollmundiger Reife. Manchmal setzt man Blüten und Schale als Botanical ein, was Geschmack und Floralität noch intensiviert. Zu den Gins mit Orange als Botanical zählen Beefeater Gin, City of London Distillery Gin und Adnams Copper House Gin.

P

Paradieskörner | *AFRAMOMUM MELEGUETA* | BOTANICAL

SIEHE AUCH: Bombay Spirits Company | Botanical Cuts | Botanical-Rezeptur | Botanicals | Geschmacksprofile | Ingwer | Kardamom

Die Paradieskörner, auch bekannt als Alligatoren- oder Guinea-Pfeffer, sind kleine, den Pfefferkörnern ähnliche Samen, die in Kapselfrüchten heranwachsen. Das Gewürz und Gin-Botanical ist sowohl in Form von Körnern als auch gemahlen erhältlich. Es gehört zur Familie der Ingwergewächse (*Zingiberaceae*) und ist mit dem Kardamom verwandt. Die hohe, blattreiche Pflanze ist im tropischen Westafrika beheimatet und wächst dort in küstennahen Sümpfen. Die Samenkörner haben einen pfeffrigen, zitronigen Geschmack und entwickeln bei der Destillation eine Menthol-Pfeffer-Note, die dem Geschmacksprofil Tiefe verleiht und den Abgang verlängert. Zu den in Paradieskörnern enthaltenen ätherischen Ölen zählen Gingerol, Paradol und Shogaol, sie geben den Samen ihre charakteristische pikant-pfeffrige Schärfe. Das ist auch der Grund, warum das Botanical in der Vergangenheit von skrupellosen Brennern dazu benutzt wurde, verwässerten Schnaps aufzupeppen; die pfeffrige Schärfe lässt den Alkoholgehalt höher erscheinen, als er in Wirklichkeit ist. Obwohl Paradieskörner im Römischen Reich ein beliebtes Gewürz waren, kamen sie in Europa erst im 14. und 15. Jahrhundert in Gebrauch, wo man sie anstelle von Schwarzem Pfeffer und zur Geschmacksoptimierung von Wein verwendete. Beispiele für Gins, die mit Paradieskörnern aromatisiert werden, sind Bombay Sapphire, Monkey 47 und Opihr.

Pfefferminze | *MENTHA X PIPERITA* | BOTANICAL

SIEHE AUCH: Botanical-Rezeptur | Botanicals | Grüne Minze | Limonen | Minze | Pinen

Die vermutlich zufällig entstandene Kreuzung aus Wasserminze (*Mentha aquatica*) und Grüner Minze (*Mentha spicata*) ist in Europa und dem Nahen Osten heimisch und kann als Botanical bei der Gin-Herstellung verwendet werden. Die aromatischen Blätter sind auch in Süßwaren, Kaugummi und Zahnpasta enthalten, ebenso in Desserts und Eiscreme. Pfefferminze ist die Hauptzutat für den grünen Likör Crème de Menthe und wurde im frühen 20. Jahrhundert zur Aromatisierung von Minz-Gin verwendet. Die Pfefferminze enthält Geruchs- und Geschmacksstoffe wie Menthol, Menthon, Menthylacetat, Menthofuran, Limonen und Pinen. Zu den Gins mit Pfefferminze als Botanical zählen The Botanist und Apostoles aus Argentinien.

Pinen | CHEMISCHE VERBINDUNG

SIEHE AUCH: Botanicals | Koriandersamen | Lavendel | Minze | Muskatnuss | Orange | Rose | Rosmarin | Wacholder (gemeiner) | Zitrone

Pinen ist eine organische Verbindung, die in manchen Gin-Botanicals vorkommt. Sie ist einer der bestimmenden Faktoren in den Aroma- und Geschmacksprofilen der Spirituose. Es gibt zwei Varianten – technisch ausgedrückt zwei strukturelle Isomere. Alpha-Pinen kommt in den ätherischen Ölen vieler Koniferen vor, zum Beispiel Kiefer, Zeder, Fichte, Tanne sowie in Mammutbäumen. Es findet sich auch in Wacholderbeeren und ist dafür verantwortlich, dass der Gin so schmeckt, wie er schmeckt. Auch Rosmarin, Eukalyptus und Orangenschale enthalten Pinen.

Beta-Pinen ist eine farblose Flüssigkeit, die sich in Alkohol löst, nicht aber in Wasser. Das erklärt, warum mit Wasser aufgebrühter Tee aus Wacholderbeeren kaum Aroma enthält. Beta-Pinen schmeckt grün und harzig mit einer spritzigen Holznote. Es kommt in vielen Pflanzen und Früchten vor, darunter Wacholder, Kümmel, Hopfen, Koriander, Lavendel, Zitrone, Orange, Minze, Muskatnuss und Rosen.

Plymouth Gin | SORTE

Bis 2015 hatte die Bezeichnung Plymouth Gin den Status einer »geschützten geografischen Angabe« (g.g.A). Das heißt, der Gin musste innerhalb der Stadtgrenzen von Plymouth, Grafschaft Devon, hergestellt worden sein, um sich so nennen zu dürfen. Plymouth Gin hatte als Einziger in Großbritannien eine geschützte Herkunftsbezeichnung, und sie blieb auch in der EU-Verordnung 110-2008 unangetastet. Ihren Ursprung hat sie wohl in einem Rechtsstreit zwischen der Plymouth Distillery und einigen Destillerien in London, die dort Gin mit dem Label Plymouth Gin herstellten. Plymouth Gin geht auf ein Originalrezept von 1793 aus dem Hause Black Friars zurück. Zunächst wurde er bei Fox & Williamson gebrannt, einer Firma, die in den 1880er Jahren an Coates & Co überging. 1996 wurde die Marke dann an eine Investorengruppe verkauft, zu der auch John Murphy und Richard Koch gehörten. Dieses Team engagierte mit Charles Rolls einen neuen CEO, der die im Niedergang begriffene Marke wiederbelebte. Er steigerte den Verkauf von 5000 Kisten pro Jahr auf stolze 80.000 Kisten, bevor die Marke 2005 an die V&S Group veräußert wurde, die ihrerseits 2008 an Pernod Ricard ging. Im März 2015 lief die geschützte geografische Angabe für Plymouth Gin aus und wurde nicht erneuert. Das liegt vermutlich daran, dass Plymouth Gin Markenschutz genießt, der schwerer wiegt als eine durch EU-Recht geschützte Herkunftsbezeichnung.

Pomelo | *CITRUS MAXIMA* | BOTANICAL

SIEHE AUCH: Bitterorange | Botanical-Rezeptur | Botanicals | Grapefruit | Orange

Die zu den Pampelmusen gehörende Pomelo ist wie die Zitrone und die Mandarine eine der drei ursprünglichen Zitrusarten; alle anderen sind aus Kreuzungen zwischen diesen dreien entstanden. Sie kann als Botanical für die Gin-Herstellung verwendet werden, ist etwas größer als die Grapefruit und hat eine grünliche bis gelbe Schale, manchmal auch einen Stich ins Rosa. Die Kerne der Pomelo sind dick, das faserhaltige Fleisch enthält kaum Saft. Für Speisen und Getränke wird die ganze Frucht oder nur die Schale verwendet. Die aus Südostasien stammende Pomelo kann als Urmutter vieler Zitrushybride wie Orange, Bitterorange und Grapefruit gelten. Bei der Gin-Herstellung kommt die frische Schale zum Einsatz, unter anderem weil sie getrocknet kaum verfügbar ist. Sie verleiht dem Gin eine pikante Note, wie man sie von der Grapefruitschale kennt, aber auch eine angenehm milde Süße. Zu den Gins mit Pomelo als Botanical gehören Bloom und Monkey 47.

Pot-(Still-)Destillation | HERSTELLUNG

SIEHE AUCH: Alkoholgehalt | Ausgangsdestillat | Botanical Cuts | Botanicals | Dampfdestillation | Rektifikation | Vakuumdestillation

Eine relativ einfache Form der Destillation. In einem Behälter, der als Brennblase, Kessel oder Boiler bezeichnet wird, befindet sich die Mischung aus Alkohol und Botanicals. Obenauf sitzt ein versiegelter, konischer Helm, die sogenannte »Zwiebel«, aus der ein Rohr, der »Schwanenhals«, ragt. Er verläuft schräg nach unten, bevor er in den Kondensator oder Kühler mündet. Dieser besteht meist aus einem spiraligen Glasrohr, umgeben von einem Wasserbad. Beim Brennen von Gin werden Botanicals und Ausgangsdestillat in die Brennblase gegeben und darin erhitzt. Der Alkohol, angereichert mit den ätherischen Ölen der Botanicals, verdampft, steigt durch den Helm auf und durch den Schwanenhals wieder ab. Im Kondensator wird er durch das Wasserbad heruntergekühlt und verflüssigt sich. Nach der Abnahme der Botanical Cuts muss der Gin erst einmal ruhen, bevor er auf Trinkstärke verdünnt (Proofing) und in Flaschen abgefüllt wird. Wegen der erforderlichen Temperaturen eignet sich dieses Verfahren für die Herstellung kräftiger Gins mit widerstandsfähigen, hitzebeständigen Botanicals.

Proofing | HERSTELLUNG

Siehe: Alkoholgehalt

R

Rangpur-Limette | *CITRUS X LIMONIA* | BOTANICAL

SIEHE AUCH: Botanical-Rezeptur | Botanicals | Echte Limette | Limette (Persische) | Makrut-Limette | Tanqueray | Zitrone

Die als Rangpur-Limette bekannte Zitrushybride stammt, wie der Name sagt, aus Indien. Sie ist eine Kreuzung zwischen Zitrone und Mandarine und hat eine orangefarbene Schale. Obwohl sie häufig als Limette bezeichnet wird, weist sie wenig Ähnlichkeit mit anderen Vertretern dieser Gruppe auf. Ihr Saft ist ausgesprochen sauer und hat eine florale Geißblattnote. Wegen ihrer Säure wird die Rangpur-Limette gelegentlich anstelle von Limette verwendet und deshalb manchmal mit der grünen Frucht verwechselt. Ihre Blätter sind, ähnlich wie bei der Makrut-Limette, sehr aromatisch und werden als Botanical für Tanqueray Rangpur Gin verwendet, dem sie nach der Destillation zwecks Aromatisierung zugesetzt werden.

Rectifier's Club | GESCHICHTE

SIEHE AUCH: Destillateur | Gin House

Ursprünglich wurde der Rectifier's Club als Dining Club für Destillateure gegründet. Zu seinen Mitgliedern zählten Vertreter aller namhaften Gin-Brennereien, von denen viele verwandt oder verschwägert waren. Angeblich soll es unter den Clubmitgliedern auch Preisabsprachen gegeben haben, doch wenn ein solches Kartell überhaupt existiert hat, so war es kurzlebig. Im 21. Jahrhundert wurde der Rectifier's Club wiederbelebt, der Club dient heute allerdings eher gesellschaftlichen Zwecken.

Reifung | HERSTELLUNG

Siehe: Aged Gin

Rektifikation | HERSTELLUNG

SIEHE AUCH: Alkoholgehalt | Botanical Cuts | Botanicals | Mazeration

Rektifikation oder auch Redestillation nennt man einen Vorgang, bei dem Alkohol mehrfach durch einen Destillationsapparat geschickt wird. Dies kann unterschiedlichen Zwecken dienen. Zum einen um den Alkoholgehalt des Destillats zu erhöhen – zum Beispiel weil die fermentierte Maische zunächst auf 40 bis 60 Vol.-% destilliert wurde und ihr Alkoholgehalt auf 80 Vol.-% erhöht werden soll. Rektifiziert wird aber auch, um den Alkohol zu »säubern«; man vermeidet Verunreinigungen, indem man vor allem die Head- und Tail-Cuts (Vorlauf und Nachlauf) nimmt. Außerdem kann man dem Alkohol bei der Redestillation durch eine Auswahl von mazerisierten und unmazerisierten Botanicals zusätzliche Geschmackskomponenten mitgeben. Rein chemisch gesehen ist Rektifikation eigentlich dasselbe wie Destillation, wobei der Begriff Destillation meist den ersten Brenndurchgang bezeichnet, der die alkoholische, fermentierte Maische in Schnaps verwandelt. Beim Ausstellen von Brennlizenzen unterscheiden viele Rechtssysteme zwischen der Destillation – der Herstellung von Alkohol als solchem – und der Rektifikation, dem Redestillieren eines von Dritten hergestellten Alkohols.

Rosa Pfeffer | *SCHINUS MOLLE* | BOTANICAL

SIEHE AUCH: Botanicals | Geschmacksprofile | Schwarzer Pfeffer | Tonic Water

Rosa Pfeffer, auch bekannt als Schinuspfeffer, kann als Gin-Botanical eingesetzt werden. Er wird oft fälschlicherweise für ein Mitglied der *Pipera-*

ceae-Familie und damit für einen Verwandten des Schwarzen Pfeffers gehalten. Er gehört aber zu den Sumachgewächsen und wächst auf dem peruanischen Mastix- oder Pfefferbaum. Seine Beeren ähneln roten Pfefferkörnern. Die Pflanze ist in den trockenen, wasserarmen Habitaten des nördlichen Südamerika und in der peruanischen Atacama-Wüste heimisch. Dieser aromatische Pfeffer hat eine frische, pfeffrige Note mit leichter Fruchtigkeit und einer Spur Menthol. Als Botanical wird er sparsam verwendet und sorgt für ein kräftiges, komplexes Geschmacksprofil. Auch einige Tonics werden mit Rosa Pfeffer aromatisiert. Zu den Gins, die ihn als Botanical einsetzen, zählen Audemus Pink Pepper Gin und Whittaker's Pink Particular.

Rose | *ROSA SP.* | BOTANICAL

SIEHE AUCH: Botanicals | Carter-Head-Brennblase | Hendrick's | Hernö | Pot-Still-Destillation

Eine Vielzahl von blühenden Büschen der Gattung *Rosa*, deren Blütenblätter oder Hagebutten zur Aromatisierung von Gin verwendet werden. Die Blütenblätter und das ätherische Öl der Rose sind auch in der Parfümherstellung und in der Küche weit verbreitet, vor allem bei Süßspeisen und Konfekt. In Großbritannien bietet Fentimans eine Reihe von Rosenlimonaden an, die sich gut mit Gin vertragen. Auch die Früchte der Rosen, die Hagebutten, werden als Botanical bei der Gin-Herstellung benutzt, zum Beispiel im Crossbill Gin, für den nur schottischer Wacholder und schottische Hagebutten verwendet werden. Mit den Rosenblättern muss man allerdings sorgsam umgehen, ihre Aromen sind zart und dürfen keiner großen Hitze ausgesetzt werden. Gemeinhin heißt es sogar, dass die Blüten nicht destillierbar sind. Gleichwohl enthält der Swedish Rose Gin aus dem Hause Hernö destillierte Blütenblätter, die dem Gin eine florale Süße verleihen. Dem Hendrick's Gin werden nach der Mischung seiner beiden Destillate aus der Pot-Still- bzw. der Carter-Head-Brennblase Rosenblatt- und Gurken-Essenzen zugesetzt. Ein weiterer Gin mit Rose als Botanical ist Nolet's Silver Dry Gin.

Rosmarin | *ROSMARINUS OFFICINALIS* | BOTANICAL

SIEHE AUCH: Botanical-Rezeptur | Botanicals | Limonen | Minze | Pinen

Eine aus dem Mittelmeerraum stammende immergrüne Kräuterpflanze mit glänzenden, aromatischen Blättern und kleinen blauen, violetten oder weißen Blüten, die zur Familie der Lamiaceae oder Minzen gehört. Rosmarin zählt zu den klassischen Küchenkräutern und wird unter anderem zum Würzen von Fleischgerichten verwendet, in Großbritannien vor allem von Lamm. Die Blätter sind frisch oder getrocknet im Handel und kommen auch in Kräutertees vor. Rosmarin enthält Geschmacksstoffe wie alpha- und beta-Pinene, Caren, Camphen, Myrcen und Limonen. Als Botanical verleiht es dem Gin aromatisch-blättrige und leicht florale Geschmacksnoten und Aromen, die das Harzige des Wacholders gut ergänzen. Zu den Gins mit Rosmarin zählen Gin Mare, Bloodles und Berkeley Square.

Rotationsverdampfer | HERSTELLUNG

SIEHE AUCH: Ausgangsdestillat | Botanicals | Pot-Still-Destillation | Vakuumdestillation | Versuchsbrennblase

Dabei handelt es sich um einen Typ von Brennblase, der mit vermindertem Innendruck arbeitet (siehe Vakuumdestillation S. 148). Das Gefäß (Verdampferkolben), in dem sich Ausgangsdestillat und Botanicals befinden, rotiert um seine Längsachse und erhöht so die Oberfläche des Gemischs. Außerdem wird es durch ein Wasserbad nur sanft erhitzt; durch den verminderten Innendruck kann die Destillation bei geringeren Temperaturen stattfinden, und die Botanicals sind keiner so großen Hitze ausgesetzt wie bei einer Pot-Still-Destillation. Der Rotationsverdampfer wird normalerweise in chemischen Forschungslabors verwendet, inzwischen haben ihn aber auch Destillateure, Barkeeper und Gourmetköche für sich entdeckt. Der Prototyp des modernen Geräts wurde von Lyman Craig entwickelt und 1957 von der Firma Büchi im schweizerischen Flawil zur

Marktreife gebracht. Heute werden Rotationsverdampfer meist als Tischgeräte mit einer Kapazität von etwa einem Liter hergestellt, es sind aber auch größere Versionen mit einem Fassungsvermögen von bis zu 50 Litern erhältlich. Der Vorteil des rotierenden Kolbens gegenüber einer normalen Vakuumdestillation besteht darin, dass die zwischen Flüssigkeit und Innenwand wirkende Zentrifugalkraft die Oberfläche des Gemischs vergrößert. Zentrifugalkraft und Reibung helfen außerdem, ein Überkochen in den Schwanenhals der Brennblase zu verhindern.

Roter Wermut | COCKTAIL-ZUTAT

SIEHE AUCH: Botanicals | Campari | Martini | Negroni | Trockener Wermut | Wermut

Roter Wermut (Vermouth), auch bekannt als süßer oder italienischer Wermut, ist ein gespriteter, aromatisierter Wein, zu dessen Botanicals vor allem die Wermutpflanze zählt. Trotz des Namens besteht roter Wermut zumeist aus Weißwein, der durch Einlegen oder Hinzufügen von Karamel und anderen natürlichen Farbstoffen koloriert wird. Im Vergleich zum trockenen Wermut ist der rote Wermut eher süß, hat aber eine typische Kräuternote mit intensiveren, erdigen, leicht bitteren Aromen. Klassische Gin-Cocktails mit Wermut als Zutat sind Negroni, Sweet Martini und Martinez. Roter Wermut ist auch in Manhattan, Rob Roy und Boulevardier enthalten, die ohne Gin auskommen.

Royal Gin (Genever) | SORTE

SIEHE AUCH: Alkoholgehalt | Botanicals | Common Gin | Navy Strength Gin

Mit diesem Begriff bezeichnete man im späten 18. und frühen 19. Jahrhundert Gin von besserer Qualität. Sie wurden mit richtigen Botanicals und nicht mit Ölen, Tinkturen oder Essenzen aromatisiert, wie etwa im folgenden Rezept für Royal Gin:

3 (englische) Pfund Wacholderbeeren
10 Gallonen Neutralalkohol
4 Gallonen Wasser

Das ergibt einen Alkoholgehalt von etwa 40 Vol.-%. Nach der Destillation wurde die Mischung mit 57,1 Vol.-% Proof verkauft, das entsprach der damals üblichen Navy Strength. Der vergleichsweise hohe Alkoholgehalt sollte dem Verbraucher garantieren, dass der Gin nicht mit Zucker oder anderen Ölen gepanscht, sondern ausschließlich durch Destillation aromatisiert war.

S

Safran | *CROCUS SATIVUS* | BOTANICAL

SIEHE AUCH: Botanical-Rezeptur | Botanicals

Als Safran bezeichnet man die getrockneten Griffel des Herbstkrokus (*Crocus sativus*); sie sind das teuerste Gewürz der Welt. Die Blume gehört zu den Schwertliliengewächsen und ist in Südwestasien heimisch, wird aber auch in Europa, Nordafrika, Nordamerika und Ozeanien angebaut. Safran hat einen heuartig-würzigen Charakter mit leichtem Raucharoma. Er ist als destilliertes Botanical in einigen Gin-Marken enthalten (z. B. Old Raj Gin und Nolet's Reserve Dry Gin), wird ansonsten aber vor allem nach der Destillation eingesetzt. Das liegt vermutlich am hohen Preis und an der Tatsache, dass durch Einweichen mehr Aroma in den Gin kommt als durch Destillation. Es gibt auch ein kleines Segment sogenannter »Safran-Gins«, die das Gewürz durch Infusion (Einweichen) nutzen. Sie zeichnen sich durch ihre tieforange Farbe und einen markanten Safrangeschmack aus. Der erste seiner Art war der Gabriel Boudier's Saffron Gin.

Salbei | *SALVIA OFFICINALIS* | BOTANICAL

SIEHE AUCH: Botanical-Rezeptur | Botanicals | Pinen | Wermut

Eine Kräuter- und Heilpflanze aus der Familie der *Lamiaceae* (Lippenblütler), die im gesamten Mittelmeerraum wächst. Dem Gin verleiht Salbei einen blättrigen Geschmack mit einer leicht pfeffrigen, vollmundigen Kräuternote und bildet ein gutes Gegengewicht zu süßlicheren Zitrusaromen. Salbei enthält Campher und alpha-Pinen, sowie alpha- und beta-

Thujon. Von dieser organischen Verbindung weist Salbei sogar eine höhere Konzentration auf als Wermut, der als Hauptlieferant für Thujon beim Absinth gilt. Zu den Gins mit Salbei als Botanical zählen Boodles, St. George Spirits' Terroir Gin, Gilpin's und Berkeley Square.

Schwarzer Pfeffer | *PIPER NIGRUM* | BOTANICAL

SIEHE AUCH: Bombay Spirits Company | Botanical-Rezeptur | Botanicals | Hernö | Kubebenpfeffer | Paradieskörner | Rosa Pfeffer

Die Frucht einer blühenden, in Indien beheimateten Kletterpflanze, die zur Familie der *Piperaceae* gehört und als Botanical in der Gin-Herstellung genutzt wird. Bei schwarzem Pfeffer werden die unreifen Früchte gekocht und getrocknet; bei grünem Pfeffer werden die unreifen Früchte getrocknet, bei weißem Pfeffer trocknet man die reifen Früchte. Alle Pfefferkörner, besonders die schwarzen, dienen weltweit zum Würzen von Speisen. Für die typische pfeffrige Schärfe der getrockneten Früchte ist das Alkaloid Piperin verantwortlich. Der Hauptproduzent von Pfeffer ist Vietnam, dort wird mehr als ein Drittel des weltweiten Ertrags erzeugt. Für die Gin-Herstellung wird normalerweise schwarzer Pfeffer benutzt, der meist in Form ganzer Körner zugesetzt wird. Hat ein Gin schwarzen Pfeffer oder auch Kubebenpfeffer und Paradieskörner in seiner Botanical-Rezeptur, verlängert das den Abgang und bereichert das Geschmacksprofil um frische Würzigkeit und pfeffrige Wärme.

Typische Gins dieser Art sind Bombay Sapphire East und die meisten Gins der Hernö-Linie.

Seagram's | MARKE

SIEHE AUCH: Aged Gin | Alkoholgehalt | Botanical-Rezeptur | Prohibition | Sipping Gin | Yellow Gin

Eine vor allem in den Vereinigten Staaten beliebte Gin-Marke, deren Botanical-Rezeptur Wacholder, Koriander, Engelwurz sowie Bitterorange und Orange enthält und eine Trinkstärke von 40 Vol.-% hat. 1857 wurde in Waterloo, im kanadischen Ontario, eine Destillerie gegründet, die 1883 von Joseph E. Seagram übernommen und später in Joseph E. Seagram & Sons umbenannt wurde. Als Seagram 1919 starb, fusionierte die Destillerie mit der von Samuel Bronfman betriebenen Distillers Corporation Limited. Die neue Firma behielt den Namen Seagram's bei und verlegte ihren Sitz in den 1930ern nach Aufhebung der Prohibition (1933) in die USA. Dort machten sie gute Geschäfte mit Aged Whiskeys und brachten 1939 auch einen populären Extra Dry Gin, den Seagram's Ancient Bottle Distilled Dry auf den Markt. Durch die Reifung im Eichenfass bekommt er eine charakteristisch blassgelbe Farbe. Der Markenname änderte sich im Laufe der Jahre von »Seagram's Golden Gin« (1950) über »Seagram's Extra Dry Golden Gin« (1955) zu »Seagram's Extra Dry Gin« (1960). Fünfzig Jahre später, 2010, stellte Seagram's die Fassreifung ihres Gin ein, wobei man sich auf die Notwendigkeit besserer Qualitätskontrolle berief. Der Gin behielt jedoch sein traditionelles Geschmacksprofil und die hellgelbe Farbe, wenngleich für bestimmte Märkte, etwa Spanien, eine farblose Variante produziert wird. Seit den 1950ern hat die Firma ihre Produktpalette diversifiziert, und im Jahr 2000 verkaufte Edgar Bronfman jr. ein Nachfahre Joseph Bronfmans, die Getränkesparte von Seagram's an Pernod Ricard und Diageo. Inzwischen bringt Seagram's eine Serie von aromatisierten »Twisted Gins« heraus, die eine Trinkstärke von 35 Vol.-% haben. Die Fruchtaromen stammen von Likören mit den Geschmacksrichtungen Limette, Ananas und Pfirsich.

Shaken / Shaking | MIXOLOGIE

SIEHE AUCH: Alkoholgehalt | Eis | Stirred / Stirring

Schütteln oder Shaken / Shaking ist eine Methode, um einen Drink gut durchzumischen. Dazu wird Eis zusammen mit den Zutaten in einen Cocktailshaker (Schüttelbecher) gegeben, der geschlossen und dann heftig geschüttelt wird. Dadurch werden die Bestandteile miteinander vermischt und verbunden, gleichzeitig kühlt das schmelzende Eis den Drink, und das entstehende Wasser verdünnt den Alkohol ein wenig. Ein Cocktail, der mit 40 Vol.-% angetreten ist, hat nach einem Shaking mit Eis in der Regel noch 26 bis 30 Vol.-%. Durch das Schütteln reichert sich die Flüssigkeit zudem mit kleinen Luftbläschen an, was ihn milchig erscheinen lässt und ihm eine luftig-weiche Textur gibt; man spricht in diesem Zusammenhang auch von Bruising. Ein Cocktail sollte, je nach Größe des Shakers, zwischen 30 und 60 Sekunden geschüttelt werden. Am besten schüttelt man so lange, bis sich auf der Außenseite des Shakers eine dünne Eisschicht bildet. Da während des Schüttelns kleine Stückchen von den Eiswürfeln abschilfern, empfiehlt es sich, den Drink vor dem Servieren ein oder zwei Mal zu sieben. Dazu verwendet man ein feinmaschiges Barsieb, auch ein Teesieb ist geeignet. Beim Dry Shaking, einer anderen Technik, werden die Zutaten vor der Zugabe von Eis geschüttelt. Anschließend wird dann noch einmal mit Eis geschüttelt. Dry Shaking ist vor allem dann angeraten, wenn das Rezept Ananassaft oder Eiweiß enthält, weil das »trockene« Schütteln die Flüssigkeit besser emulgiert und dem Drink eine leichtere, glatte und schaumigere Textur verleiht.

Signature Botanical Gin | SORTE

SIEHE AUCH: Botanical-Rezeptur | Botanicals | Fruit Gin | Holunder | London Gin | Mazeration | Orange | Zitrone

Eine Gin-Sorte, die sich immer größerer Beliebtheit erfreut und bei der neben dem Wacholder eine bestimmte Geschmacksrichtung besonders hervorgehoben wird. Diese bezeichnet man als Signature Botanical. Im Jahr 2017 wurde Signature Botanical von der International Wine and Spirit Competition offiziell als Kategorie anerkannt. Die ersten Vertreter kamen um die Jahrtausendwende auf den Markt; ein Beispiel dafür ist der Knockeen Hills Heather Gin von der Timbermill Distillery. Wie andere Signature Botanical Gins ist er ungesüßt und ausschließlich durch Destillation aromatisiert, kann also rein technisch gesehen als London Gin gelten im Unterschied zu mazerierten Gins oder Fruit Gins. Heute werden Signature Botanical Gins auf der ganzen Welt hergestellt, sind aber vor allem in Australien, den Vereinigten Staaten, Großbritannien und Europa beliebt. Bevorzugte Geschmacksrichtungen sind Orange, Zitrone und Holunderblüte. Im Gegensatz zu den oft gesüßten Fruit Gins sind Signature Botanical Gins trocken und können wie normale Gins zum Mixen verwendet werden.

Signature Serve | MIXOLOGIE

SIEHE AUCH: Garnituren | Gin & Tonic | Gurke | Hendrick's | Rose | Seagram's

Unter Signature Serve versteht man die Zusammenstellung von Zutaten zu einem Drink, der die Charakteristika eines bestimmten Gin optimal zur Geltung bringt. So passt ein Gin, bei dem Rosmarin als Botanical im Vordergrund steht, besonders gut zu einem kräuterlastigen Tonic und zu einer Garnitur aus Zitrone oder Zitronenthymian. Signature Serve gibt Barkeepern und Konsumenten eine Vorstellung davon, wie man einen Drink am besten mixt. Er sollte optisch ansprechend sein, gut schmecken und aus leicht verfügbaren Zutaten rasch herzustellen sein. Dabei erhebt dieser Serviervorschlag keinen Anspruch auf Ausschließlichkeit, er soll eher Anregung und Inspiration sein. Ein weiteres Beispiel für Signature Serve ist die Verwendung von Gurke als Garnitur für den Gin & Tonic, die sich inzwischen anstelle der üblichen Zitrone oder Limette im allgemeinen Bewusstsein etabliert hat. In diesem Zusammenhang sei noch erwähnt, dass sie bereits in einer Anzeige für Seagram's Gin aus den 1970ern auftaucht, sich damals aber nicht durchsetzen konnte.

Single Bottle Act | GESCHICHTE

SIEHE AUCH: Booth's | Destillerie | Gin House | Gordon's | Tanqueray

Eine am 28. Juni 1861 vom Parlament des Vereinigten Königreichs verabschiedete Verordnung mit dem offiziellen Titel: »Verordnung, die Ihre Majestät zum Erheben von Verbrauchssteuern und zur Ausstellung von Steuerzeichen berechtigt«. Sie erlaubte lizenzierten Händlern den »Weiterverkauf von Spirituosen ausländischer und britischer Provenienz«. Die Mindestgröße von Flaschen für einheimische Spirituosen war ein Quart (1,14 Liter oder 2 Pints). Importierte Produkte durften in den Flaschen bleiben, in denen sie geliefert wurden. Es war verboten, diese Getränke in den Räumlichkeiten des Verkäufers zu konsumieren. Diese Verordnung ebnete den Weg für die ersten Wein- und Spirituosenhandlungen. Um dieselbe Zeit konnten sich auch die großen Gin Houses und Gin-Marken etablieren. Vorher hatten die Brenner ihren Gin einfach direkt an Gaststättenbetreiber verkauft, die ihn nach Belieben mit Wasser oder Zucker – oder Schlimmerem – verschnitten. Der Brenner hatte also keinerlei Kontrolle über das, was dem Gast am Ende ausgeschenkt wurde. Beim Flaschenverkauf wurde das Behältnis in der Brennerei vor der Auslieferung versiegelt, womit einigermaßen garantiert war, dass der Endverbraucher auch tatsächlich das ursprüngliche Destillat serviert bekam. Dadurch sicherten sich Firmen wie Booth's, Tanqueray und Gordon's ihren Ruf und die Markentreue ihrer Kunden.

Single Shot | HERSTELLUNG

SIEHE AUCH: Alkoholgehalt | Botanicals | Pot-Still-Destillation

Einfach gesagt wird Gin hergestellt, indem man Neutralalkohol und Botanicals in eine Brennblase gibt und destilliert. Das daraus entstandene Destillat wird dann mit Wasser auf Trinkstärke verdünnt, und nach einer gewissen Ruhephase ist der Gin genussreif. Diesen Vorgang bezeichnet man als Single oder One Shot Distillation (einfache Destillation). Wenn

ein Brenner 1 kg Botanicals zur Gin-Herstellung verwendet und 50 Liter Destillat mit 80 Vol.-% erhält, dieses dann 1:1 mit Wasser auf eine Trinkstärke von 40 Vol.-% verdünnt, so erzielt er aus dieser einfachen Destillation 100 Liter seines Endprodukts.
Erhöht der Brenner die Menge der Botanicals auf 2 kg, während alle anderen Größen gleichbleiben, so erhält er 50 Liter Destillat mit einem Alkoholgehalt von 80 Vol.-%, allerdings mit einer doppelt so hohen geschmacklichen Intensität. Deshalb kann er das Destillat mit 50 Litern, Neutralalkohol von 80 Vol.-% vermischen, ohne dass er Einbußen bei Aroma und Geschmack befürchten muss. Diese 100 Liter kann er anschließend auf 40 Vol.-% proofen und erzielt am Ende 200 Liter seines Endprodukts. Durch diesen Schritt kann er also die Gin-Menge verdoppeln. Das Verfahren wird als »Multi Shot Distillation« bezeichnet. Manche Brennmeister arbeiten mit zehn- oder sogar zwanzigfachen Konzentrationen, sodass mit einer Destillation Mengen von bis zu 2000 Litern des Endprodukts erzielt werden können, verglichen mit nur 100 Litern beim Single Shot. Das ermöglicht eine effektive Nutzung der Brennblase und eine Produktionssteigerung ohne zusätzliche Apparaturen oder Kosten.

Sipping Gin | SORTE

SIEHE AUCH: Aged Gin | Negroni | Roter Wermut | Yellow Gin

Eine moderne Form des gealterten oder gereiften Gin, die sich jedoch vom Yellow Gin unterscheidet. Sipping Gin zeichnet sich durch die feine Balance zwischen den Aromen des Holzes und denen der Botanicals aus. Im Gegensatz zu den Yellow Gins sollten Sipping Gins pur oder wie Whisky getrunken werden, nicht selten in Verbindung mit rotem Wermut oder anderen Kräuter- und Würzzutaten. Zu den Cocktails mit Sipping Gin zählen Manhattan, Negroni und Old Fashioned. Sipping Gins werden in der Regel für mehrere Monate, nicht nur für einige Wochen im Fass gelagert; die durchschnittliche Alterungsdauer liegt bei drei bis sechs Monaten. Der Alambic's Special Caribbean Gin lagert sogar vierzehn Jahre

in ehemaligen Whiskyfässern und anschließend noch mal zwei Jahre in Fässern, die zuvor karibischen Rum enthielten.

Sloe Gin | SORTE

SIEHE AUCH: Bitter Lemon | Plymouth Gin

Ein Fruchtlikör, der durch Einlegen von Schlehen in Gin hergestellt und mit Zucker oder Honig gesüßt wird. Es handelt sich dabei um die Beeren des Schlehdornstrauches (*Prunus spinosa*), der in Europa und Vorderasien heimisch ist. Die dunkelblauen Früchte haben einen pflaumenartigen, die Schleimhäute zusammenziehenden Geschmack, dem der Kern noch eine nussige Note hinzufügt. Der Likör stammt angeblich aus dem England des 17. Jahrhunderts, wo durch den Enclosure Act verfügt wurde, dass Felder eingefriedet werden müssen. Zu diesem Zweck wurden Hecken, vornehmlich Schlehdorn, gepflanzt, die reiche Früchte trugen. Zur Konservierung legte man die Beeren, die zu herb schmecken, um roh verzehrt zu werden, in Gin ein. Während der Gin-Hysterie im 18. Jahrhundert war der Sloe Gin sehr beliebt, man nannte ihn den »Port des armen Mannes«. 1803 brachte die Firma James Hawker & Co den Hawker's Sloe Gin heraus, später kam der Pedlar's hinzu. Der in derselben Stadt produzierte Plymouth Gin kam 1883 auf den Markt. Der Standort war deshalb günstig, weil im nahegelegenen Dartmoor so viele Schlehen wuchsen. Die Marke Pedlar gab schließlich einem der bekanntesten Sloe-Gin-Drinks ihren Namen: Der sogenannte Long Pedlar ist eine Mischung aus Sloe Gin und Bitter Lemon. Ein weiterer beliebter Cocktail ist der Sloe Gin Fizz. Zu den heute erhältlichen Sloe Gins zählen Plymouth, Sipsmith und Hawker's.

Soda(wasser) | COCKTAIL-ZUTAT

SIEHE AUCH: Bitter Lemon | Tonic Water

Auch bekannt als Sprudel, kohlensäurehaltiges Tafelwasser, Club Soda oder Selterswasser. Unter Sodawasser, kurz Soda, versteht man ein mit Kohlensäure (Kohlenstoffdioxid) angereichertes Wasser; es war das erste sprudelnde Getränk seiner Art. Tiefenwässer, die unter hohem Gesteinsdruck stehen, lösen CO_2 aus vulkanischen oder anderen fossilen Quellen und enthalten damit »natürliche Kohlensäure«. Solche Wässer wurden seit jeher für ihre Heilwirkung geschätzt. 1767 entwickelte der Naturphilosoph Joseph Priestley ein Verfahren, um Wasser mit Kohlensäure zu versetzen, indem er in einer Brauerei in Leeds eine Schale Wasser über einem Bierbehälter aufhängte. Das beim Fermentationsprozess freiwerdende Kohlendioxid reicherte sich im Wasser als sprudelnde Kohlensäure an. Priestley war der Ansicht, dass man damit Skorbut behandeln könne. 1783 brachte der Schweizer Juwelier Jacob Schweppe erstmals ein kohlensäurehaltiges Wasser auf den Markt. Der Hauptunterschied zwischen Sodawasser und Club Soda besteht darin, dass Letzterem weitere Zutaten wie Himalaya-Salz beigegeben werden, um den Mineralgehalt zu erhöhen. Ein anderer Grund war, dass das früher in den USA verwendete Kohlendioxid aus einer Mischung von Kalk und Schwefelsäure gewonnen wurde. Um den Säuregehalt des Wassers wieder auszugleichen, wurde Salz hinzugegeben. Sodawasser ist wesentlicher Bestandteil von Drinks wie Gin Soda oder Gin Collins. Es war der Vorläufer weiterer kohlensäurehaltiger Getränke wie Tonic Water, Bitter Lemon und Cola.

Sternanis | *ILLICIUM VERUM* | BOTANICAL

SIEHE AUCH: Anethol | Botanical-Rezeptur | Botanicals | Louche-Effekt

Die getrockneten Fruchtstände von *Illicium verum*, einem immergrünen, in Vietnam und Südchina beheimateten Baum, die auch als Botanical in der Gin-Herstellung Verwendung finden. Die sternförmigen Fruchtstände haben normalerweise acht Spitzen, von denen jede eine glänzende kleine Samenkugel enthält. Sternanis ist ölhaltig und schmeckt stark nach Anis, obwohl er nicht mit diesem verwandt ist. Die Ähnlichkeit in Geschmack und Duft rührt daher, dass beide Anethol enthalten. Bei der Gin-Destillation sorgt Sternanis für eine würzige Süße, sollte aber wegen des hohen Ölgehalts und starken Geschmacks sparsam verwendet werden, da es andere Aromen sonst erdrückt. Beispiele für Gins mit Sternanis als Botanical sind St. George Spirits' Botanivore Gin und Citadelle Gin.

Stirred / Stirring | MIXOLOGIE

SIEHE AUCH: Eis | Martini | Shaken / Shaking

Eine Methode zum Mixen von Drinks, zu der man ein mit Eis gefülltes Rührglas benötigt. Die Zutaten werden in das Glas gegeben und dann mit einem Barlöffel oder anderen Hilfsmitteln umgerührt. Wie beim Shaken werden die Zutaten dabei vermischt, gekühlt und durch das schmelzende Eis auch verdünnt. Beim Rühren ist die Durchmischung allerdings nicht so stark, die Kühlung erfolgt langsamer, und es bilden sich keine Luftbläschen. Der Drink bleibt somit klarer als beim Schütteln. Manche Martini-Aficionados sind überzeugt, dass der Drink dadurch unverfälschter schmeckt.

Strawberry Gin | SORTE

SIEHE AUCH: Alkoholgehalt | Fruit Gin | Mazeration

Eine Gin-Sorte mit Erdbeergeschmack. Ihr Aufstieg begann 2013/14 in Valencia. Die Marke Gin Puerto de Indias, vorzugsweise mit Fanta Limon serviert, wurde von einer dort ansässigen Firma herausgebracht und war ein so durchschlagender Erfolg, dass andere spanische Destillerien bald nachzogen. Zu Jahresbeginn 2015 waren bereits 30 derartige Produkte

auf dem Markt. Die Herstellungsmethoden sind jedoch unterschiedlich und reichen vom Zusetzen von Erdbeeraroma und rosa Farbstoff zu fertigem Gin bis zur sorgfältigen Infusion frischer Früchte in trockenem Gin, der anschließend leicht gesüßt wird. Dementsprechend sind auch die Qualitätsunterschiede: Manche sind kaum mehr als rosafarbener Erdbeerwodka, während andere versuchen, die Essenz der Früchte mit dem traditionellen Gin-Geschmack zu vereinen. Der Alkoholgehalt des Strawberry Gin variiert zwischen 37,5 und 42 Vol.-%. In den letzten Jahren ist der Hype um den Strawberry Gin ein wenig abgeflaut, dennoch sind viele Marken weiterhin erhältlich.

Süßholzwurzel | *GLYCYRRHIZA GLABRA* | BOTANICAL

SIEHE AUCH: Botanical-Rezeptur | Botanicals | Old Tom Gin

Süßholz ist eine Pflanzenart aus der Unterfamilie der Schmetterlingsblütler (*Faboideae*) innerhalb der Familie der Hülsenfrüchtler (*Fabaceae*), die in Eurasien, Nordafrika und dem asiatisch-pazifischen Raum beheimatet ist. Heute wird sie zudem in Russland, Spanien und dem Nahen Osten angebaut und dient auch als Gin-Botanical. Der Hauptgrund für den Anbau ist die Wurzel, die in getrocknetem Zustand verarbeitet wird. Sie wird als Chips, Pulver oder als ganzer Stängel angeboten (getrocknet gleicht sie einem dünnen Zweig). Die Wurzel enthält eine chemische Verbindung namens Glycyrrhizin, die 30- bis 40-mal süßer ist als Zucker und für den typischen Lakritzgeschmack verantwortlich ist. Um Lakritze herzustellen, wird zunächst ein Lakritzextrakt hergestellt, indem man die Wurzel in Wasser auskocht. Bei der Destillation wird Süßholz vor allem in Pulverform eingesetzt. Dem Gin verleiht sie eine gewisse Süße und ein mildes Mundgefühl. Die Wurzel ist die wesentliche Zutat für alle durch Botanicals gesüßte Old Tom Gins, wie etwa der Jensen's Old Tom.

Sweetening the Still | HERSTELLUNG

SIEHE AUCH: Botanicals | Destillateur | Kümmel | Pot-Still-Destillation | Wacholder (gemeiner)

Ein Verfahren, das bis ins 18. Jahrhundert zurückreicht und heutzutage nur noch in kleinen Destillerien angewendet wird. Man nutzt diese Methode vor allem für Brennblasen, in denen eine Vielzahl verschiedener Destillate gebrannt wird; besonders gängig ist sie bei Pot-Stills. Der Brennmeister arrangiert die Reihenfolge der Brennvorgänge so, dass etwas vom Charakter des vorigen Destillats in der Brennblase zurückbleibt und sich auf das Geschmacksprofil des nachfolgenden überträgt. So wird er zum Beispiel einen Gin mit Wacholder, Kümmel und Anis vor einem Grappa brennen. Einige ätherische Öle dieser harzigen, süßen und würzigen Botanicals bleiben in der Brennblase zurück und geben dem ansonsten nicht aromatisierten Tresterbrand eine zusätzliche, subtile Komplexität.

T

Tanqueray | MARKE

SIEHE AUCH: Alkoholgehalt | Engelwurz | Gin House | Gordon's | Grapefruit | Ingwer | Kamille | Koriander | Limette (Persische) | Orange | Rangpur-Limette | Süßholzwurzel | Wacholder (gemeiner)

Eine bekannte britische Gin-Marke, die inzwischen dem multinationalen Getränke- und Spirituosenkonzern Diageo gehört. Ihren größten Absatzmarkt hat sie in den Vereinigten Staaten. Das ursprüngliche Produkt, ein London Dry Gin, wird in verschiedenen Trinkstärken angeboten (43,1 Vol.-% in Großbritannien und 47,3 Vol.-% für den Export); seit 2000 gibt es außerdem den Premium-Gin Tanqueray No. Ten. Die Botanical-Rezeptur des London Dry Gin enthält Wacholder, Engelwurz, Koriandersamen und Süßholzwurzel. Für den Tanqueray No. Ten wird dieselbe Rezeptur verwendet und mit Kamillenblüten, Orange, Limette und Grapefruit als zusätzlichen Botanicals erweitert. Weitere Produkte dieser Marke sind Tanqueray Rangpur, bei dem die Originalrezeptur durch Rangpur-Limetten, Ingwer und Lorbeerblätter ergänzt wird, und der Tanqueray Malacca, eine etwas süßere, fruchtigere Variante, die bald nach der Jahrtausendwende wieder eingestellt wurde.

Charles Tanqueray hat die Firma 1830 im Londoner Stadtteil Bloomsbury gegründet. 1898 fusionierte sie mit Gordon's; so entstand die Tanqueray, Gordon's & Co., die später von The Distillers Company aufgekauft wurde. Diese wiederum wurde von Guinness & Co. übernommen und in United Distillers umgewandelt, das heute Teil von Diageo ist. Seit den 1950er Jahren wird Tanqueray vorwiegend für den Export produziert und konnte sich vor allem in den Vereinigten Staaten durchsetzen. Wie Gordon's bemüht sich auch Tanquery um ein charakteristisches Flaschendesign. Die Flasche ist aus grünem Glas und im oberen Teil wie eine Ananas geformt, ein historisches Symbol für Wohlstand und Gastfreundschaft.

Terroir | HERSTELLUNG

SIEHE AUCH: Ausgangsdestillat | Botanicals | Yuzu

Im Gegensatz zum Wein wird Terroir beim Gin nicht unbedingt durch die geologischen, geografischen und klimatischen Standortfaktoren der Destillerie bestimmt. Terroir bezeichnet vielmehr die Art, wie es einem Brennmeister gelingt, durch die Wahl der Botanicals oder manchmal auch des Ausgangsdestillats den Charakter einer Gegend in seinem Produkt einzufangen. Die Botanicals können aus der Region stammen oder besonders typisch für diese sein. So verwendet etwa eine am Meer gelegene Brennerei Meerfenchel oder Seetang, während man in Seattle auf den dort sehr beliebten Geschmack von schwarzen Johannisbeeren zurückgreift. Japanische Brennereien setzen oft Botanicals ein, die mit ihrem Land in Verbindung gebracht werden wie Yuzu oder Kirschblüten; und eine in Weinanbaugebieten wie Kalifornien, New York oder Australien gelegene Brennerei wird vielleicht ein Ausgangsdestillat einsetzen, das aus regionalen Trauben hergestellt ist. Eine andere Art, das Terroir hervorzuheben, ist die Verwendung spezieller Wasserressourcen, obwohl sich dies eher auf die Vermarktung als auf den Geschmack des Gin auswirken dürfte. Wenn man bei der Gin-Produktion das Terroir hervorheben will, hat man allerdings das Problem, dass viele regionale Botanicals nur saisonal erhältlich sind, was eine ganzjährige Produktion erschwert. Darauf kann man reagieren, indem man den Gin ebenfalls saisonal produziert. Eine andere Möglichkeit ist die Verwendung von gefrorenen oder getrockneten Botanicals oder die Herstellung eines destillierten Konzentrats, das immer verfügbar ist.

Tonic Sirup | COCKTAIL-ZUTAT

SIEHE AUCH: Soda(wasser) | Tonic Water

Tonic Sirup ist Tonic Water in konzentrierter Form. Er wird mit kohlensäurehaltigem Wasser vermischt, um Tonic Water herzustellen, dient aber auch als Cocktail-Zutat. Tonic Sirup gibt es schon seit Jahrzehnten, so vertreibt etwa die Firma Soda Stream seit den 1970er Jahren einen solchen Sirup in Verbindung mit ihren Sprudelmaschinen. Tonic Sirup wurde in den Vereinigten Staaten vor allem um 2010 populär, in einer Zeit, in der Barkeeper alte Cocktails und die damit verbundenen Techniken wiederzuentdecken begannen und sich nach frischeren, hausgemachten Zutaten umsahen. John's Premium Tonic aus Arizona war eine der ersten kommerziell angebotenen Sirup-Marken. Die Option, den konzentrierten Sirup zu verkaufen, statt ihn zu verdünnen und mit Kohlensäure versetzt in Flaschen abzufüllen, sparte Geld und schonte wegen des geringeren Rohstoff- und Transportaufkommens die Umwelt. In Europa scheint man hingegen weiterhin fertig gemischtes Tonic Water zu bevorzugen; der Tonic Sirup ist eher unüblich.

Tonic Water | COCKTAIL-ZUTAT

SIEHE AUCH: Chinin | Gin & Tonic | Gin Tonica | Rosa Pfeffer | Tonic Sirup

Tonic Water, auch bekannt als indisches Tonic Water, Chinin-Wasser oder chininhaltiges Wasser, ist ein Sprudelgetränk, das Chinin, Zitronensäure und Zucker enthält. Die Idee, Tonic Water in Verbindung mit Spirituosen zu sich zu nehmen, weil es angeblich der Gesundheit diene, ist alt. Das erste Tonic Water im heutigen Sinne (Sprudelwasser mit Chinin) stammt aus dem Jahr 1851. Damals ließ sich der viktorianische Geschäftsmann und Mineralwasserhersteller Erasmus Bond eine »verbesserte, mit Luft durchsetzte Flüssigkeit« patentieren, die ursprünglich ausschließlich zum Nutzen der Gesundheit konsumiert wurde. Schweppes, damals bereits für sein sprudelndes Mineralwasser bekannt, brachte sein erstes Tonic Water in den 1870er Jahren auf den Markt und war die erste Firma, die das Produkt im großen Stil verkaufte.

2005 lancierten Charles Rolls (Ende des 20. Jahrhunderts Mitarbeiter von Plymouth Gin) und Tim Warrillow ihr Fever Tree Premium Indian Tonic Water. Das ebnete den Weg für eine Erweiterung des Marktes. Dank der wachsenden Beliebtheit von Gin sind Anzahl und Vielfalt der erhält-

lichen Tonic Waters beträchtlich gestiegen, besonders in Spanien, wo der Gin Tonica Innovationen vorantreibt. Es werden auch immer neue Geschmacksrichtungen angeboten. Neben Favoriten wie Zitrone oder Limette gibt es nun auch neue Varianten wie rosa Pfeffer, Holunderblüte, Kirschblüte und sogar Tomate.

Transatlantic Gin | SORTE

SIEHE AUCH: Contemporary Gin | Klassischer / wacholderbetonter Gin | London Gin

Ein Gin, der eine Brücke zwischen klassischen und zeitgenössischen Gins schlägt und erstmals in den 1990er Jahren auftauchte. Die Sorte ist nach dem transatlantischen (oder Mid-Atlantic) Akzent benannt, eine Sprachfärbung, wie sie für Filmstars der 1930er und 1940er Jahre typisch war. Es handelt sich dabei um eine Mischung aus britischem (British Received Pronounciation) und amerikanischem Englisch. Transatlantic Gins werden deshalb auch als »Cary Grant«- oder »Katherine Hepburn«-Gins bezeichnet, da beide für diesen Akzent bekannt sind. Ein solcher Gin ist fest in der Tradition des London (Dry) Gin verwurzelt, verleiht diesem klassischen Stil aber einen neuen Touch. Dabei wagt er sich jedoch nicht so weit vor, dass er in die Kategorie der Contemporary Gins fiele. Der erste mit dem Label Transatlantic versehene Gin war Junipero von Anchor Distilling in San Francisco. Man beschrieb ihn als »nach Kalifornien umgesiedelter London Dry Gin, der dort Sonnenbräune und ein Sixpack bekam«. Andere Vertreter sind Rehorst Gin aus Wisconsin, Big Gin aus Seattle und Warner Edwards Gin aus Harrington, Großbritannien.

Trockener Wermut | COCKTAIL-ZUTAT

SIEHE AUCH: Martini | Roter Wermut | Wermutkraut

Trockener Wermut, auch als französischer Wermut (international auch als Vermouth) bekannt, ist eine wichtige Zutat für viele Cocktails. Es handelt sich um einen Likörwein (auch gespriteter oder verstärkter Wein), dem Wurzeln, Kräuter und Gewürze, insbesondere Wermutkraut zugesetzt werden. Die erste Rezeptur für trockenen Wermut, der spätere Noilly Prat, wurde 1813 von Joseph Noilly in Marseille entwickelt.

Trockener Wermut wurde zunächst aus Weißwein gemacht, der mit Alkohol, vornehmlich Weinbrand, angereichert oder gespritet wurde. Danach werden verschiedene Botanicals eingelegt, deren Rezeptur je nach Hersteller variiert. Sie kann Kräuter, Gewürze, Blüten, Wurzeln und Zitrusschalen enthalten. Gesetzlich festgelegt ist allerdings, dass der Alkohol mit einem Vertreter der Gattung *Artemisia* (Wermutkraut) aromatisiert wird. Dem trockenen Wermut wird gelegentlich Zucker hinzugefügt, aber deutlich weniger als bei rotem oder süßem Wermut. Trockenen Wermut trinkt man gekühlt oder auf Eis als Aperitif, am bekanntesten ist er zweifellos als eine der beiden Zutaten des Dry Martini.

U

Uganda Waragi | MARKE

SIEHE AUCH: Alkoholgehalt | Ausgangsdestillat | Gin & Cola | Gin & Tonic | Tonic Water

Waragi ist eine Verballhornung von »war gin« und der Name einer Gin-Marke der Uganda Breweries Ltd., die zum Diageo-Imperium gehört. Der Gin wird in Uganda hergestellt, hat einen Alkoholgehalt von 40 Vol.-% und wird sowohl in Flaschen als auch in Plastikbeuteln von 100 ml angeboten, die überdimensionierten Ketchup-Tütchen ähneln. Der Uganda Waragi kam 1965 erstmals auf den Markt und wurde zunächst von East Africa Distillers mit Hirseschnaps als Ausgangsdestillat hergestellt. Derzeit ist er mit einem Marktanteil von rund 40 Prozent Ugandas meistverkaufte Marke. In seinem Ursprungsland wird der Uganda Waragi oft mit einem Spritzer Limettensaft getrunken, aber auch gern mit Coca-Cola, Fruchtsaft oder Tonic Water zu einem Longdrink gemixt.

V

Vakuumdestillation | HERSTELLUNG

SIEHE AUCH: Botanicals | Dampfdestillation | Pot-Still-Destillation | Rektifikation | Rotationsverdampfer

Genau genommen finden die meisten sogenannten Vakuumdestillationen nicht unter einem echten Vakuum, sondern lediglich unter vermindertem Druck statt. Der Brennvorgang läuft in einem luftdichten System ab, aus dem zuvor die Luft gepumpt wurde, wodurch sich der Druck verringert. Dadurch sinkt auch der Siedepunkt des Inhalts, insbesondere der von Flüssigkeiten. Die meisten Systeme reduzieren den Druck so weit, dass der Alkohol bereits bei 20 bis 30 °C zu sieden beginnt (normal wären 78 °C). Alkohol und Botanicals werden dadurch geringerer Hitze ausgesetzt; das verhindert das Verkochen der Botanicals und das damit verbundene Absondern unerwünschter Geschmacksnoten. Anhänger der Vakuumdestillation vertreten die Ansicht, dass damit besonders frische und ursprüngliche Aromen erzielt werden. Außerdem ermöglicht sie den Einsatz von Botanicals, die in einer normalen Brennblase verbrennen würden, das betrifft vor allem Zutaten mit hohem Zuckergehalt. Allerdings ist die Vakuumdestillation mit hohen Investitionskosten und einer aufwändigen Wartung, insbesondere beim Pumpsystem, verbunden. Zu den in Vakuumdestillation hergestellten Gins zählen Sacred und Oxley. Letzterer wird unter so niedrigem Druck produziert, dass er bei -5 °C destilliert.

Vanille | *VANILLA PLANIFOLIA* | BOTANICAL

SIEHE AUCH: Botanical-Rezeptur | Botanicals | Hernö

Ein Gewürz aus den Kapselfrüchten (Schoten) verschiedener Arten der Orchideengattung *Vanilla*. Die Vanille gilt als teuerstes Botanical der Welt und ist in Mittelamerika und Mexiko heimisch, kommt aber auch in der Karibik und auf Madagaskar vor, von wo heute ein Großteil der kommerziell angebauten Vanille stammt. Vanille hat einen weichen, süßen und sahnigen Geschmack mit einem Hauch Buttrigkeit und Floralität. Die aus Tahiti stammende Vanille gehört einer anderen Gattung an und hat einen fruchtig floralen Charakter, mit Anklängen an Kirsche und Anis. Bei sparsamer Verwendung verleihen Vanilleschoten als Botanical der Textur des Gin zusätzliche Weichheit und süße Cremigkeit. Zu den Gins mit Vanille als Botanical zählen Hernö, Zuidam Dutch Courage Gin und McQueen Mocha Gin.

Versuchsbrennblase | HERSTELLUNG

SIEHE AUCH: Botanical-Rezeptur | Botanicals | Kardamom | Lavendel | Pot-Still-Destillation | Rotationsverdampfer

Eine Brennblase, die deutlich kleiner ist als jene für den kommerziellen Betrieb und deren Fassungsvermögen zwischen 1 und 10 Litern liegt. Das erlaubt es dem Brennmeister, ohne großen Materialaufwand zu experimentieren und neue Ideen und Rezepte zu testen. Versuchsbrennblasen sind in der Regel aus Kupfer oder Glas und werden mit einer elektrischen Heizplatte erhitzt. Manchmal wird für solche Testläufe ein Rotationsverdampfer verwendet. Man kann darin auch die Brauchbarkeit eines individuellen Botanical-Destillats erproben. Es muss jedoch hinzugefügt werden, dass eine Rezeptur, die dem Brennmeister in der Versuchsbrennblase geglückt erscheint, nicht unbedingt auf die Dimensionen einer großen Brennblase übertragen werden kann. Die Mengen lassen sich nicht einfach linear hochrechnen, weil manche Botanicals, wenn sie in größeren Mengen zur Anwendung kommen, eine überproportionale Wirkung auf den Charakter des Gin haben. Das gilt etwa für Zitrusfrüchte, Kardamom, Lavendel und Anis. Man spricht davon, dass solche Botanicals »sich über Gebühr hervortun«. Dies ist bei der Berechnung der Mengen für eine größere Brennblase zu berücksichtigen und muss entsprechend ausgeglichen werden.

Vertragsdestillerien | HERSTELLUNG

SIEHE AUCH: Botanicals | Destillateur | Destillerie

Damit sind Destillerien gemeint, die auch Gin hausfremder Marken brennen. Das erlaubt Firmen, die aus finanziellen oder sonstigen Gründen selbst keine Destillerie betreiben, ihr Produkt unter dem eigenen Label zu vermarkten. Die jeweiligen Dienstleister bieten einen unterschiedlichen Service an, der folgende Komponenten enthalten kann: Man vermietet die Anlage für einen bestimmten Zeitraum an einen kompetenten Brennmeister; man verkauft der Firma eine fertige Gin-Rezeptur; man entwickelt zusammen mit der Firma einen auf diese zugeschnittenen Gin, dessen Alleinstellungsmerkmal seine Botanical-Rezeptur ist. Destillerien, die solche Dienstleistungen anbieten, sind unter anderen Thames Distillers Ltd. (Timbermill Distillery), Alcohols Ltd. (Langley Distillery), Artisan Spirits, English Spirit Distillery und G&J Distillers (Greenall's Distillery).

Vesper | COCKTAIL

SIEHE AUCH: Alkoholgehalt | Eis | Garnituren | Gläser | Gordon's | Lillet | Martini | Shaken / Shaking

Dieser Cocktail wird erstmals in dem Buch *Casino Royale* von Ian Fleming erwähnt, wo ihn der britische Geheimagent James Bond bestellt. Der

Drink ist eine Variante des Martini und enthält normalerweise sowohl Gin als auch Wodka. Ian Fleming hat ihn zusammen mit seinem Freund Ivar Bryce in den frühen 1950ern in Jamaica kreiert. Der Name stammt von einem geeisten Rum-Drink, der damals bei Sonnenuntergang im Hause eines anderen Freundes gereicht wurde; in diesem Fall stand der Name »Vesper« wohl in Zusammenhang mit dem um diese Zeit stattfindenden Abendgebet. In *Casino Royale* gibt Bond dem Drink den Namen der weiblichen Hauptfigur Vesper Lynd.
Über die Originalzutaten des Vesper wird in letzter Zeit viel diskutiert, denn seit den frühen 1950er Jahren haben sie sich in vielfacher Hinsicht verändert. Der Gordon's Gin hatte damals einen Alkoholgehalt von 47,3 Vol.-% und auch der Wodka war mit etwa 50 Vol.-% stärker. Außerdem enthält das Originalrezept Kina Lillet, eine Spirituose, die den Mixologen Kopfzerbrechen bereitet, da die von Fleming benutzte Variante längst vom Markt verschwunden ist. Als moderne Alternative bietet sich Lillet Blanc an, er ist allerdings nicht so bitter wie sein Vorgänger.

Rezept für Vesper:
90 ml Gordon's Gin
30 ml Wodka
15 ml Lillet Blanc
Spirale aus Zitronenschale als Garnitur

Man gebe alle Zutaten in einen mit Eis gefüllten Cocktailshaker, schüttle gut durch und seihe durch ein Barsieb in ein Cocktailglas ab. Garniert wird mit einer Spirale aus Zitronenschale.

Vilnius Gin | SORTE

SIEHE AUCH: Botanicals | Koriandersamen | Orange | Wacholder (gemeiner)

Vilnius Gin oder *Vilniaus Džinas* ist ein in Vilnius, Litauen, hergestellter trockener Gin. Er hat den Status einer geschützten geografischen Angabe (g.g.A), die auch durch die EU-Spirituosenverordnung bestätigt wurde. 2014 verlor der Vilnius Gin allerdings seinen geschützten geografischen Status, weil die Destillerie die für eine Verlängerung nötigen Papiere nicht einreichte. Der Gin wurde daraufhin in Mr Stacher's umbenannt. Er wird in der 1907 gegründeten Vilniaus Degtinė Distillery gebrannt, allerdings begann die Produktion erst in den 1980ern. Zur Aromatisierung verwendet man destillierte Botanicals, darunter Wacholder, Dillsamen, Koriander und Orange.

W

Wacholder (gemeiner) | *JUNIPERUS COMMUNIS* | BOTANICAL

SIEHE AUCH: Botanicals | Britischer Wacholder | Limonen | Pinen | Wacholder (andere Arten)

Der gemeine Wacholder ist eine Konifere, die das wichtigste Botanical für den Gin hervorbringt: die Wacholderbeeren. Ohne sie ist die Spirituose kein Gin. Die EU-Vorschriften legen fest, dass alles, was sich Gin nennt, auf jeden Fall Anteile der Art *Juniperus communis* enthalten muss. Die Beeren sind botanisch gesehen eigentlich keine Beeren, sondern kleine, fleischige Samenzapfen; sie geben dem Gin seinen grasigen, waldig-harzigen Geschmack. Wacholder gehört zur Familie der Zypressengewächse (*Cupressaceae*), die Büsche brauchen drei bis vier Jahre bis zur Samenreife, zwei bis drei weitere Jahre vergehen, bis Beeren geerntet werden können. Die Pflanze ist in Großbritannien und in weiten Teilen Kontinentaleuropas heimisch und wird auf der gesamten Nordhalbkugel angebaut. Bei der Gin-Herstellung werden die reifen, dunkelvioletten Beeren in der Regel ganz verarbeitet, manchmal aber auch gemahlen oder leicht zerstoßen, um die ätherischen Öle freizusetzen. Zu ihnen zählen alpha- und beta-Pinen, Sabinen, Limonen und Myrcen.

Wacholder (andere Arten) | *JUNIPERUS SP.* | BOTANICAL

SIEHE AUCH: Botanicals | Klassischer / wacholderbetonter Gin | Wacholder (gemeiner)

Neben dem gemeinen Wacholder gibt es eine kleine Anzahl anderer Arten, die ebenfalls zur Gin-Herstellung verwendet werden. Der Alligator-Wa-

cholder (*Juniperus deppeana*) hat seinen Namen wegen seiner geschuppten Rinde, die einer Krokodilshaut gleicht. Die Varietät kommt in Nordamerika vor, insbesondere im zentralen und nördlichen Mexiko sowie im Südwesten der Vereinigten Staaten einschließlich Texas, Arizona und Neumexiko. Als Gin-Botanical sorgt der Alligator-Wacholder in der Nase für eine spritzige Zedernnote, im Geschmack ist er ölig mit grasigen und vegetabilen Noten und Anklängen an Kiefer und Zeder. Er wird zum Beispiel für den Checkerbark Gin der District Distilling Company verwendet. Der Pinchot-Wacholder (*Juniperus pinchotii*), auch als Texas-Wacholder bekannt, trägt markant orangerote Samenzapfen (Beeren). Diese Varietät ist nach dem ersten Chief des United States Forest Service, Gifford Pinchot, benannt. Er ist im nördlichen und zentralen Texas und in Teilen Mexikos heimisch. Im Gin entfaltet er marmeladige, florale Aromen und kitzelt den Gaumen mit einem Mix aus holzigem Pfeffer und süßlichen Backgewürzen.
Juniperus ashei, auch Blaubeerwacholder oder Berg- oder Pfostenzeder genannt, wird größer als die anderen Varietäten und kann zu einem Baum von bis zu 15 Metern Höhe heranwachsen. Er ist in Texas, Oklahoma, Arkansas und Missouri heimisch und gedeiht auch in Teilen Nordmexikos. Das weiche Holz wird gern für Zaunpfosten oder Telegraphenstangen benutzt, daher der Name Pfostenzeder. Im Gin sorgt er für akzentuierte Mentholnoten und die für Wacholder typische holzige Harzigkeit. Sein Geschmack ist klar und explosiv, jedoch ziemlich durchschlagend und sollte daher sparsam verwendet werden.
Westlicher oder Westamerikanischer Wacholder (*Juniperus occidentalis*), auch als Sierra-Wacholder bekannt, ist der größte Vertreter der Wacholder-Familie und kann bis zu 28 Meter hoch werden. Die Bäume wachsen in den Gebirgsregionen des amerikanischen Westens – den Staaten Kalifornien, Nevada, Oregon, Idaho und Washington –, und zwar bis auf einer Höhe von 3000 Metern. Der Bennett-Wacholder, der mit einem Durchmesser von 3,8 Metern größte Wacholderbaum des Landes, gehört ebenfalls zur Varietät *Juniperus occidentalis* und steht im Stanislaus-Nationalpark im nördlichen Kalifornien. Sein Alter wird auf mehr als 3000 Jahre geschätzt. Als Gin-Botanical entfaltet der Westliche Wacholder einen leichten Anklang an Kiefer und tropische Früchte in Verbindung mit dem cremigen Aroma von Vanilleeiche und würzigem Zimt.

Das Botanical ist eher zart im Geschmack und wird leicht von anderen überlagert. Der Cascade Mountain Gin enthält *Juniperus occidentalis* als tragenden Wacholderbestandteil. Hier wird das Botanical aber nicht mitdestilliert, sondern aromatisiert den Gin mittels Infusion.

Wacholderbetont | GESCHMACKSPROFIL

Siehe »Klassischer / wacholderbetonter Gin«.

Wermutkraut | *ARTEMISIA ABSINTHIUM* | BOTANICAL

SIEHE AUCH: Botanical-Rezeptur | Botanicals | Roter Wermut | Trockener Wermut

Wermutkraut, auch echter oder gemeiner Wermut, ist eine Sammelbezeichnung für krautige Pflanzen der Gattung *Artemisia*. Für die Herstellung des gleichnamigen Getränks ist vor allem der Große Wermut (*Artemisia absinthium*) von Interesse, der in Europa, Asien und Nordafrika heimisch ist. Die englische Bezeichnung *wormwood* rührt daher, dass das Kraut seit über 2000 Jahren zur Abwehr von Mäuse- und Mottenfraß verwendet wurde. Wermutkaut ist auch wesentlicher Bestandteil einiger alkoholischer Getränke, wie dem Wermut (international auch Vermouth, abgeleitet vom deutschen Wort Wermut) und dem Absinth, für den er häufig zusammen mit anderen Botanicals destilliert wird. Das im Wermutkraut enthaltene ätherische Öl Thujon, eine Chemikalie mit psychedelischer Wirkung, war auch der Hauptgrund, warum Absinth 1915 verboten wurde. Als Gin-Botanical kommt es zum Beispiel bei The Botanist und Elephant Gin zum Einsatz, wo es für eine aromatische Holznote sorgt.

Worshipful Company of Distillers | GESCHICHTE

SIEHE AUCH: Gin Guild

Die Worshipful Company of Distillers wurde 1638 von Sir Theodore de Mayerne, dem Leibarzt von König Charles I. gegründet. Sie ist die Nummer 69 in der Liste der sogenannten Livery Companies, den 110 britischen Berufsverbänden innerhalb der City of London. Sie war befugt, das Brennereiwesen in den Cities of London und Westminster sowie in den angrenzenden Stadtteilen zu regulieren und zu überwachen. Das heraldische Motto der Gesellschaft lautet »*Drop as Rain, Distil as Dew*«. Inzwischen kommt der Gesellschaft keine offizielle Kontrollfunktion mehr zu, ihr gehören heute wichtige Vertreter der Getränkeindustrie und die Nachfahren historisch bedeutsamer Destillerien an. Alljährlich werden dort themenbezogene Veranstaltungen abgehalten, bei denen aktuelle Fragen und Trends diskutiert werden. Außerdem wird eine Verkostung der mit der Goldmedaille der International Wine and Spirit Competition ausgezeichneten Spirituosen abgehalten. Die Gesellschaft gilt als Vorläufer und Pate der Livery Company of the Gin Guild.

X

Xoriguer (Mahon) Gin | MARKE

SIEHE AUCH: Agend Gin | Botanicals | Dampfdestillation | Plymouth Gin | Pot-Still-Destillation | Vilnius Gin | Wacholder (gemeiner)

Der einzige Gin mit geschützter Ursprungsbezeichnung (g.U.) der EU, nachdem sowohl Plymouth wie auch Vilnius Gin diese verloren haben. Gemäß EU-Verordnung kann sich ein Gin Xorigeur Mahon Gin nennen, wenn er auf der Mittelmeerinsel Menorca hergestellt wurde. Die Geschichte dieses Gin reicht bis ins Jahr 1708 zurück, als die Briten die Insel eroberten, bevor sie ihnen 1713 offiziell zugesprochen wurde. Der Naturhafen Mahon wurde zu einer wichtigen Militärbasis der Royal British Navy. Da Kolonialbeamte und Militärs gern dem Gin zusprachen, wurde auf der Insel eine Destillerie eingerichtet, die bis heute in Betrieb ist. Der dort produzierte Gin basiert auf Weingeist und wird neben Wacholderbeeren mit einer geheimen Rezeptur aus Botanicals destilliert. Der Wacholder wird direkt in die Brennblase gegeben, während die anderen Botanicals in einem Korb liegen, wo ihre Geschmacksstoffe mittels Dampfdestillation extrahiert werden. Normalerweise wird der Dampf mehrmals durch die Botanicals geschickt und reichert sich bei jedem Durchgang mehr mit Aromen an. Gebrannt wird der Gin in holzbefeuerten Kupferbrennblasen, und anschließend wird er in großen Eichenfässern gelagert. Diese Fässer haben zwar kaum Einfluss auf Geschmack und Farbe des Getränks, erlauben ihm aber zu atmen.

Y

Yellow Gin | SORTE

SIEHE AUCH: Aged Gin | Booth's | Gin & Tonic | Martini | Seagram's | Single Bottle Act | Sipping Gin

Der Yellow Gin ist eine Untergruppe der Aged Gins und leitet sich von der Art her, wie Gin im 19. Jahrhundert gelagert und transportiert wurde. Damals füllte man ihn in Holzfässer ab und nicht in Flaschen oder Edelstahlbehälter. Die Fässer wurden in der Destillerie befüllt und dann in die Schänken gebracht, wo man ihn pur ausschenkte oder mit Spirituosen aus anderen Fässern vermischte, um einen hauseigenen Stil zu kreieren. Fässer waren wasserdicht, relativ langlebig und finanziell erschwinglich. Außerdem konnten sie wiederverwendet werden, solange sie dicht waren. Der Einfluss des Fasses auf den Geschmack des Gin blieb damals dem Zufall überlassen. Nach dem Single Bottle Act von 1851 wurden die Fässer durch Glasflaschen ersetzt. Das ermöglichte es Destillerien, ihren Gin flaschenweise direkt an die Konsumenten zu verkaufen. Allerdings wurden fertiger Gin und Neutralalkohol bis nach dem Zweiten Weltkrieg weiterhin in Fässern gelagert.

Im 20. Jahrhundert wurden zwei Gins mit leichtem Holzfinish auf den Markt gebracht: Booth's Finest (in den Vereinigten Staaten als House of Lords bekannt) und der Seagram's Ancient Bottle Distilled Dry Gin von 1939. Schriftsteller wie Kingsley Amis und David Embury waren besondere Anhänger des Yellow Gin. In Cocktails ist er ähnlich einsetzbar wie ein Dry Gin, zum Beispiel für Martinis und Gin & Tonics, wobei die Reifung auf Holz den Geschmack milder, weicher und raffinierter macht. Zu den modernen Yellow Gins zählen Hayman' Family Reserve und Citadelle Réserve.

Young Tom | GESCHICHTE

SIEHE AUCH: Old Tom (Ursprung des) | Old Tom Gin

Eine geheimnisumwobene Gin-Sorte, die um die Mitte des 19. Jahrhunderts aufkam und vermutlich eine stärkere und teurere Variante des bekannteren Old Tom Gin darstellte. 1836 beschreibt Charles Dickens im Kapitel »Gin Shop« aus der Sammlung *Sketches by Boz* die großen Fässer, die dort gelagert waren:
»... sie tragen Aufschriften wie: ›Alter Tom, 549‹, ›Junger Tom, 360‹ und ›Samson, 1421‹ – wobei, wie wir annehmen, die Zahlen die Fassgröße in Gallonen angeben.«
Das Fass mit dem Young Tom war also mit Abstand das kleinste, was darauf schließen lässt, dass er die teuerste Spirituose im Angebot war. In einer Werbeanzeige für Tuckers Wine and Spirits Merchant in der Swan Tavern an der Mile End Road, London, von 1867 wird Young Tom angepriesen als »viel stärker als sein Vater Old Tom« – ein klarer Hinweis auf den höheren Alkoholgehalt dieses Getränks. Zu Zeiten, in denen der Gin oft mit weit Schlimmerem als reinem Quellwasser verdünnt oder gepanscht wurde, stand die Stärke gleichzeitig für die Reinheit des Gin. Eine weitere Erwähnung findet sich im Gerichtsprotokoll des Rechtsstreits von 1903 Boord's gegen Huddart. In dem Verfahren wird ein altes Buch über Gin-Etiketten als Beweis herangezogen. Es enthält zwei Flaschenetiketten: eines für Old Tom mit dem Bild eines alten Mannes, daneben eines für Young Tom, das einen jungen Matrosen zeigt.

Z

Zanzibar | COCKTAIL

SIEHE AUCH: Alkoholgehalt | Eis | Gläser | Navy Strength Gin | Shaken / Shaking | Trockener Wermut

Erstmals erwähnt wird der Zanzibar in Harry Craddocks 1930 erschienenem *The Savoy Cocktail Book*. Im Grunde handelt es sich um einen geschüttelten Vermouth Sour, der dem Gin einen guten Auftritt verschafft. Er eignet sich besonders als Aperitif. Angesichts des geringen Gin-Anteils ist er insgesamt weniger stark als viele seiner Zeitgenossen, da der Wermut in aller Regel nur einen Alkoholgehalt von 20 Vol.-% hat. Ein ausdrucksstarker Gin, zum Beispiel ein Navy Strength, kann seine Aromen daher bestens zur Geltung bringen.

Rezept für Zanzibar:
30 ml trockener Wermut
10 ml Navy Strength Gin
10 ml frischer Zitronensaft
Eine Prise Puderzucker (oder nach Belieben)
2-3 Spritzer Orange Bitter

Man gebe alle Zutaten in einen mit Eis gefüllten Shaker, schüttle gut durch und gieße den Drink durch ein Barsieb in ein Cocktailglas.

Zimt | *CINNAMOMUM VERUM* | BOTANICAL

SIEHE AUCH: Botanical-Rezeptur | Botanicals | Limonen | Linalool | Navy Strength Gin | Zimtkassie

Auch bekannt als Echter oder Ceylon-Zimt und nicht zu verwechseln mit der billigeren Zimtkassie (*Cinnamomum cassia*), obgleich diese oft als echter Zimt angeboten wird, vor allem in den Vereinigten Staaten. Beide Gewürze werden als Botanicals in der Gin-Herstellung eingesetzt. Echter Zimt wird aus der inneren Rinde eines kleinen, immergrünen Baumes gewonnen, die ineinandergeschoben und getrocknet als ganze, dicht gerollte Stange in den Handel kommt. Er ist in Sri Lanka, dem ehemaligen Ceylon, heimisch, daher der Name. Inzwischen wird echter Zimt auch auf den Seychellen und in Madagaskar angebaut. Der Geschmack ist feiner und eleganter als bei der Zimtkassie und hat einen holzigen, trockenen Charakter. Der Preis ist deutlich höher. Das ätherische Öl kann durch Schlagen der Rinde gewonnen werden, die man anschließend in Salzwasser mazeriert; diese Mischung wird dann destilliert. Echter Zimt enthält die chemischen Verbindungen Zimtaldehyd, Linalool, Eugenol und Limonen. Er dient nicht nur der Aromatisierung von Gin, sondern wird auch bei der Herstellung anderer alkoholischer Getränke wie Wodka und Whisky eingesetzt, vor allem bei aromatisiertem Whisky und Whisky-Likör. Zu den Gins mit Zimt als Botanical zählen Bathtub Gin, Blackwater No. 5 Gin und Perry's Tot Navy Strength Gin.

Zimtkassie | *CINNAMOMUM CASSIA* | BOTANICAL

SIEHE AUCH: Bombay Spirits Company | Botanical-Rezeptur | Botanicals | Hendrick's | Martin Miller's | Zimt

Die getrocknete Rinde einer immergrünen, in Südchina heimischen Pflanze. Sie ist auch unter dem Namen Chinesischer Zimtbaum bekannt. Das daraus gewonnene Gewürz ist eng mit dem Echten Zimt (*Cinnamomum verum*) verwandt und wird oft mit ihm verwechselt. Zimtrinde hat eine ölige Süße, einen starken, holzig-würzigen Geschmack und wirkt wärmend. Die getrocknete Rinde ist in der Regel weniger fest gewickelt und ergibt keine geschlossenen Stangen wie beim Echten Zimt; sie wird meist in Chips oder Pulverform angeboten. Bei Spirituosen dient sie zur Aromatisierung eines Ausgangsdestillats. Im Gin sorgt Kassiarinde für botanische Süße, Würze und Komplexität. Normalerweise wird sie geschnitzelt zugesetzt, obwohl auch der Gebrauch von ganzen Rindenstücken oder Pulver möglich ist. Wegen ihrer Ähnlichkeit zum Echten Zimt ist es selten, aber nicht unüblich, dass beide Gewürze im selben Gin verwendet werden. Bei vielen Gins ist die Zimtkassie Bestandteil der Botanical-Rezeptur, so zum Beispiel bei Bombay Dry, Bombay Sapphire, Bombay Sapphire East, Broker's Gin, Marin Miller's Gin und Shortcross Gin.

Zitrone | *CITRUS X LIMON* | BOTANICAL

SIEHE AUCH: Bitterorange | Botanicals | Garnituren | Gin & Tonic | Limette (Persische)

Das wichtigste und beliebteste unter den Zitrus-Botanicals und nicht nur bei der Gin-Herstellung von Bedeutung, sondern auch als Garnitur und Zutat für viele Cocktails. Die Zitrone ist eine Kreuzung zwischen Bitterorange (*Citrus x aurantium*) und Zitronatzitrone (*Citrus medica*), die vermutlich aus Nordostindien oder China stammt. Bei den im Supermarkt und beim Gemüsehändler erhältlichen Zitronen handelt es sich meist um die Eureka-Zitrone, die so gezüchtet wurde, dass sie das ganze Jahr über blüht. Vor zweitausend Jahren kam die Zitrone in den Mittelmeerraum und ist seither dort verbreitet. Aber auch in den Vereinigten Staaten, in Florida und Kalifornien, wird die Zitrone angebaut. Zitronensaft ist herb und besteht zu etwa fünf Prozent aus Zitronensäure. Er wird normalerweise zum Aromatisieren von Speisen und Limonaden verwendet, ist aber auch wichtiger Bestandteil vieler Gin-Cocktails wie Aviation und White Lady. In der Schale sitzt das ätherische Öl, das bei der Destillation freigesetzt wird. Zwischen Schale und Fruchtfleisch befindet sich eine dünne weiße Haut, die Bitterstoffe enthält und im Gin einen unangenehmen Geschmack hinterlässt. In Form von Wedges (Spalten) oder Wheels (Scheiben) dient die Zitrone, besonders in Großbritannien, üblicherweise als Garnitur für den Gin & Tonic.

Zitronengras | *CYMBOPOGON CITRATUS* | BOTANICAL

SIEHE AUCH: Bombay Spirits Company | Botanical-Rezeptur | Botanicals | Ingwer | Zitrusnote

Zitronengras, auch bekannt als Cymbopogon oder Ölgras, gehört zur Familie der Süßgräser und ist in Süd- und Südostasien heimisch. Sein fleischiger Stil wird vor allem in der asiatischen Küche als Gewürzpflanze genutzt. Es gibt ein zitroniges, fein-würziges Aroma ab und ist daher, oft in Verbindung mit Ingwer, auch ein beliebter Geschmacksstoff für alkoholfreie Getränke wie Limonaden, Tonic Waters und Kräutertees. Zitronengras enthält unter anderen die ätherischen Öle Citrat, Myrcen und Citronellol. Bei der Gin-Herstellung wird es sowohl als Botanical mitdestilliert wie auch anschließend mittels Infusion beigegeben, zum Beispiel beim Butler's Gin. Es verleiht dem Gin eine leicht zitronige Note, verbunden mit ingwerähnlicher Würze und aromatischer Floralität. Zitronengras erzeugt Komplexität und harmoniert gut mit anderen Zitrus- und Gewürznoten. Weitere Beispiele für Gins mit Zitronengras sind Bombay Sapphire East und Le Tribute.

Zitrusnote | GESCHMACKSPROFIL

SIEHE AUCH: Bitterorange | Florale Note | Geschmacksprofile | Gewürznote | Gin Tonica | Grapefruit | Klassischer / wacholderbetonter Gin | Kräuternote | Limette (Persische) | Orange | Tanqueray | Zitrone | Zitronengras

Ein beliebtes Geschmacksprofil, bei dem die Aromen von Zitrusschalen – zum Beispiel Zitrone, Limette, verschiedene Grapefruitsorten und Bitter- oder Süßorange – im Vordergrund stehen. Destillateure setzen diesen Schwerpunkt, um die spritzige, erfrischende Qualität der Zitrusaromen hervorzuheben. Sie ist auch der Grund, warum Zitrus-Gins für Longdrinks wie Gin Tonica oder Tom Collins bevorzugt werden. Der spanische Le Tribute Gin enthält eine Mischung aus sechs verschiedenen Zitrusschalen: Zitrone, Limette, Orange, Grapefruit, Kumquat und Tangerine, dazu noch Zitonengras, das weitere Zitrusnoten beisteuert. Andere Beispiele für Zitrus-Gins sind Bluecoat, Hunters und Tanqueray No. Ten.

Register

Danksagung

Der Autor dankt folgenden Personen und Institutionen für die Mithilfe an diesem Buch: The Gin Archive, Nicholas Cook of The Gin Guild, Aaron J. Knoll, Clayton und Ali Hartley, Queenie, Tas, Joe Barber, Bernadette Pamplin, Cherry Constable, Dr. Anne Brock, Gin Miller, Julia Nourney, Veronika Karlova, Jimmy Young, Bobby Evans, Rosie the Bear, Ian Hart, Hilary Whitney, Olivier und Julia Ward, Sarah Mitchell, Adam Smithson, Unkie Des, Sam Carter, Stephen Gould, Helen Cheshire, Jon Hillgren, The Hayman Family, Sean Harrison, Davey Wonder, Phil Duff, Jared Brown und Anistatia Miller, Camper, Jake Burger esq., Geraldine Coates, Tommy und Michael Haughton, Dave Hughes, Alice Lascelles, Seb Hamilton-Mudge, Charlie Maxwell, Henrik Hammer, Dan Szor, Eric Zandona, Bill Owens, Dame Keli Rivers, Natasha Bahrami, Michael Vachon, Ben Ellefsen, Alan Stibbe, Martin Miller, Tempus Fugit, The Bitter Truth, The Diageo Archive, David W. Smith und J. P. Smith.

Joe Cottington, Jonathan Christie, Polly Poulter, Matthew Grindon und Megan Brown von Octopus; Joanna Smith und Corinne Masciocchi für ihre redaktionelle Mitarbeit; MFE Editorial Services für den Index; Stuart Patience für seine großartigen Illustrationen.

Mein besonderer Dank geht an Sara Smith, ohne die das Buch nicht entstanden wäre.

Über den Autor:

David T. Smith ist ein international geschätzter Gin-Experte, Juror und Autor. Er hat den Juryvorsitz beim American Distilling Institute und bei der International Wine and Spirit Competition inne, ebenso bei der Gin Masters Competition. 2016 gewann er den Think Gin Award als bester Gin-Botschafter. Außerdem leitet er Workshops zur Kunst des Destillierens und informiert regelmäßig auf seiner Website Summer Fruit Cup.

Inhalt

Die Originalausgabe erschien 2018 unter dem Titel *The Gin Dictionary* bei Hachette, London.

 Bezugspapier: Stuart Patience, London. Gesetzt in den Schriften Pona und Neue Helvetica. Gedruckt auf holzfreies, alterungsbeständiges Werkdruckpapier der Firma Cordier, Bad Dürkheim von der Memminger MedienCentrum AG. Gebunden in Fadenheftung von der Josef Spinner Großbuchbinderei GmbH, Ottersweier. Printed in Germany. Erste Auflage 2020. ISBN 978-3-458-20042-0